TRABALHANDO COM O INIMIGO

COMO COLABORAR COM PESSOAS DAS QUAIS
VOCÊ DISCORDA, NÃO GOSTA OU DESCONFIA

Dados Internacionais de Catalogação na Publicação (CIP)
(Jeane Passos de Souza – CRB 8ª/6189)

Kahane, Adam
    Trabalhando com o inimigo: como colaborar com pessoas das quais você discorda, não gosta ou desconfia / Adam Kahane; ilustrações de Jeff Barnum; tradução de André Botelho. – São Paulo: Editora Senac São Paulo, 2018.

    Título original: Collaborating with the enemy: how to work with people you don't agree with or like or trust.
    Bibliografia.
    ISBN 978-85-396-2204-7 (impresso/2018)
    ISBN 978-85-396-2205-4 (ePub/2017)
    ISBN 978-85-396-2206-1 (PDF/2017)

    1. Comunicação na gestão 2. Gestão – Aspectos sociais 3. Gestão de conflitos I. Título.

18-718s   CDD-658.4
                                                                                                 303.69
                                                                     BISAC BUS110000

        Índice para catálogo sistemático:
            1. Gestão de conflitos   658.4
      2. Mediação de conflitos: Sociologia   303.69

ADAM KAHANE

TRABALHANDO COM O INIMIGO

COMO COLABORAR COM PESSOAS DAS QUAIS VOCÊ DISCORDA, NÃO GOSTA OU DESCONFIA

Ilustrações
JEFF BARNUM

Tradução
ANDRÉ BOTELHO

Editora Senac São Paulo – São Paulo – 2018

ADMINISTRAÇÃO REGIONAL DO SENAC NO ESTADO DE SÃO PAULO
Presidente do Conselho Regional: Abram Szajman
Diretor do Departamento Regional: Luiz Francisco de A. Salgado
Superintendente Universitário e de Desenvolvimento: Luiz Carlos Dourado

EDITORA SENAC SÃO PAULO
Conselho Editorial: Luiz Francisco de A. Salgado
Luiz Carlos Dourado
Darcio Sayad Maia
Lucila Mara Sbrana Sciotti
Luís Américo Tousi Botelho

Gerente/Publisher: Luís Américo Tousi Botelho
Coordenação Editorial: Verônica Pirani de Oliveira
Prospecção: Andreza Fernandes dos Passos de Paula, Dolores Crisci Manzano, Paloma Marques Santos
Administrativo: Marina P. Alves
Comercial: Aldair Novais Pereira
Comunicação e Eventos: Tania Mayumi Doyama Natal

Edição e Preparação de Texto: Rafael Barcellos Machado
Revisão Técnica: Antonio Luiz de Paula e Silva, Melissa Elizabeth Pomeroy, Rogério Renato Silva
Coordenação de Revisão de Texto: Marcelo Nardeli
Coordenação de Arte: Antonio Carlos De Angelis
Revisão de Texto: Eloiza Mendes Lopes, Patricia B. Almeida
Capa: Thiago Planchart
Editoração Eletrônica: Marcio S. Barreto
Ilustrações: Jeff Barnum
Impressão e Acabamento: Gráfica Impress

Título original: *Collaborating with the enemy: how to work with people you don't agree with or like or trust*
Publicado mediante acordo com Berrett-Koehler Publishers, San Francisco
© 2017 Berrett-Koehler Publishers, Inc., Estados Unidos
Berrett-Koehler Publishers, Inc., 235 Montgomery Street, Suite 650, San Francisco, CA 94104

Nenhuma parte desta publicação poderá ser reproduzida, guardada pelo sistema "retrieval" ou transmitida de qualquer modo ou por qualquer outro meio, seja este eletrônico, mecânico, de fotocópia, de gravação, ou outros, sem prévia autorização, por escrito, da Editora Senac São Paulo.

Todos os direitos desta edição reservados à
Editora Senac São Paulo
Av. Engenheiro Eusébio Stevaux, 823 – Prédio Editora –
Jurubatuba – CEP 04696-000 – São Paulo – SP
Tel. (11) 2187-4450
editora@sp.senac.br
https://www.editorasenacsp.com.br

Edição brasileira © Editora Senac São Paulo, 2018

Para meus inimigos e professores.

Sumário

Nota do editor	9
Prefácio – *Peter Block*	11
Apresentação	19
INTRODUÇÃO: como colaborar com pessoas das quais você discorda, não gosta ou desconfia	21

1. COLABORAR: CADA VEZ MAIS NECESSÁRIO E MAIS DIFÍCIL — 25
   - "Eu jamais conseguiria trabalhar com *essa gente!*" — 25
   - A síndrome da inimização — 27
   - O desafio central de colaborar — 29

2. COLABORAR NÃO É A ÚNICA OPÇÃO — 33
   - O caminho à frente é incerto — 34
   - "A solução milagrosa é trabalharmos juntos para podermos resolver as coisas" — 34
   - Há três alternativas à colaboração — 37
   - Colaborar deve ser uma escolha — 40

3. A COLABORAÇÃO ESTRITA E CONVENCIONAL ESTÁ SE TORNANDO OBSOLETA — 47
   - O estreitamento impede a movimentação — 47
   - A gestão da mudança toma o controle — 48
   - "Só há uma resposta certa" — 51
   - As limitações da colaboração convencional — 53

4. A COLABORAÇÃO NÃO CONVENCIONAL E
   ESTENDIDA ESTÁ SE TORNANDO ESSENCIAL 61
   A extensão produz flexibilidade e desconforto 61
   Como encerrar uma guerra civil 63
   A colaboração estendida abandona a ilusão de controle 69

5. A PRIMEIRA EXTENSÃO É ACEITAR O CONFLITO
   E A CONEXÃO 73
   O diálogo não basta 73
   Há mais que uma totalidade 79
   Todo *holon* tem duas motivações 83
   Alternando entre poder e amor 86

6. A SEGUNDA EXTENSÃO É EXPERIMENTAR DAR
   UM PASSO ADIANTE 95
   Não é possível controlar o futuro, mas podemos
   exercer influência sobre ele 95
   Estamos atravessando o rio tentando achar o
   caminho das pedras 101
   A criatividade requer capacidade negativa 107
   Ouça buscando possibilidades em vez de certezas 109

7. A TERCEIRA EXTENSÃO É "ENTRAR EM CAMPO" 115
   "*Eles* têm que mudar!" 116
   Se você não faz parte do problema, não pode fazer
   parte da solução 120
   Em vez de uma galinha, seja um porco 123

   CONCLUSÃO: como desenvolver flexibilidade 125

Notas 135
Agradecimentos 141
Índice remissivo 145
Sobre o autor 153
Sobre a Reos Partners 155
Agradecimentos do ilustrador, Jeff Barnum 157

Esta manhã, ao percorrer os bosques de Antofágica, tive um mal súbito e apaguei. Acordei nos braços de um jovem de feições tristes e doces, que me acudiu como se me conhecesse de outras vidas. "Você não é o primeiro a ser desmaiado pelo sol a pino", falou. "Da última vez, consegui o comovente à casa mais próxima, que colhem ser a de Úrsula, a moça que de novo a amar". Úrsula, filha, o teu raro nome nos lábios de um estranho. É um sinal: venha visitar seu velho pai.

Com afeto,

Nota do editor

Com frequência, precisamos conviver e trabalhar com pessoas das quais discordamos, em especial ao lidar com os temas sérios e polarizados que dividem as sociedades contemporâneas. Em face de diferenças ideológicas, muitos tendem a se cercar daqueles que pensam de maneira semelhante, optando por ignorar vozes contrárias, o que não só cria um frágil sentimento de harmonia e coesão, como também pouco contribui para a resolução de conflitos e problemas sociais.

Isso nos leva à grande questão que perpassa este livro: é possível fazer progresso em situações complexas, quando as partes interessadas não conseguem construir uma visão compartilhada do futuro?

Para Adam Kahane, a resposta é sim, mas o avanço só pode ser alcançado quando abandonamos a noção tradicional de colaboração e a "estendemos", decidindo conscientemente trabalhar juntos, mesmo em meio à desarmonia e à diferença, aprendendo a dar um passo à frente de cada vez, sem necessariamente concordarmos em todos os pormenores da jornada.

Prefácio

Se você está trabalhando por um mundo melhor, uma das coisas mais recompensadoras e úteis é virar a sua forma de pensar de cabeça para baixo. Mudar o modo de pensar é a essência da transformação, a base da renovação da fé. Está no cerne da grande liderança. Na maioria das vezes, essa mudança acontece lentamente, com base na educação ou no entendimento de experiências perturbadoras que normalmente ocorrem sem que você se dê conta. Entretanto, de tempos em tempos, a mudança em nossa forma de pensar acontece durante a leitura de um livro. *Trabalhando com o inimigo: como colaborar com pessoas das quais você discorda, não gosta ou desconfia*, de Adam Kahane, é um desses livros.

Esta obra é exatamente uma expansão de seu título. Primeiro me convoca a colaborar com pessoas com as quais eu não concordo, algo que não é tão difícil assim. Mas depois, a coisa fica um pouco mais complicada, quando me pede para colaborar com pessoas de quem eu não gosto. Isso também é administrável e é até comum na maioria dos locais de trabalho. Porém, a última parte é a mais difícil: colaborar com pessoas em quem não confio. Até pessoas que eu considere inimigas. A proposta do livro é tornar tudo isso factível.

Essa promessa é especialmente relevante à luz do que está acontecendo no mundo atual. Vivemos tempos complexos. Uma era de divisões e polarização à qual reagimos buscando constantemente pessoas que pensam como nós. Há cada vez mais formas de encontrar semelhantes, pessoas com os mesmos interesses, gostos parecidos, com o mesmo posicionamento político. Toda vez que eu compro alguma coisa *on-line*, o *site* me mostra o que pessoas como eu também compraram. E funciona. Na sociedade como um todo, as cidades estão se segregando novamente em bairros de pessoas semelhantes. Como nação, estamos votando em políticos que querem manter longe os estrangeiros e retomar o país – como se alguém o tivesse tirado de nós.

Vivemos em uma era de crescente alienação e isolamento. Perdemos a fé de que nossas instituições e governos possam agir em nosso benefício. Grande parte das eleições atuais são variações de um voto no Não. Há divisões econômicas e ideológicas crescentes, e são cada vez maiores as contestações de valores.

Por todos esses motivos, este livro é tão importante. Ele traz uma forma de pensar e agir que pode criar o que parece ser um futuro impossível ao convidar todos os lados de um problema para a mesma sala. Especialmente quando eles não concordam entre si, não se gostam ou não confiam uns nos outros. Ele descreve essa forma de ser e de trabalhar para tornar seu método acessível. Além de tudo isso, Adam e seus colegas de fato colocaram em prática todos esses conceitos. O mundo mudou por meio de seus esforços.

Veja alguns dos elementos de *Trabalhando com o inimigo* que mudaram minha forma de pensar:

- Sempre achei que colaborar com os outros fosse nossa escolha natural. Eu acreditava que os seres humanos eram basicamente colaborativos e queriam trabalhar juntos, e que apenas precisávamos remover os obstáculos que impediam que isso acontecesse. E não era bem assim. A colaboração, da forma como é apresentada neste livro, é apenas uma das muitas escolhas possíveis. É provável que nossa escolha natural seja tentar impor nosso ponto de vista "goela abaixo" de outras pessoas, forçando a concordância sempre que possível para conseguir que as coisas se resolvam do nosso modo. Uma outra alternativa é se adaptar ao mundo: se comprometer, minimizar diferenças e seguir em frente para se adaptar.

O que Adam descreve são as formas de se pensar a colaboração quando a situação fica cada vez pior. Quando se chega àquele momento em que tentar controlar os resultados e impor nosso posicionamento não funciona. Ou quando a adaptação ao que já é difícil se torna impossível. A colaboração descrita aqui busca encontrar novas formas de avançar quando a realidade é implacável, e o único consenso é de que algo precisa mudar. Essa abordagem se aplica a cada um de nós como indivíduos, às organizações e às comunidades sempre que somos forçados ou quando estamos prontos para tentar algo realmente novo.

- Durante grande parte da minha carreira, fui consultor de organizações empresariais, escolas, governos, igrejas e associações. Grande parte do meu trabalho consistia em ajudar equipes a trabalharem melhor, ajudar trabalhadores e gestores a confiarem uns nos outros, ajudar departamentos dentro de uma empresa a cooperarem de maneira mais efetiva. Em todos esses casos, partia-se do pressuposto de que as pessoas estavam trabalhando para atingir um objetivo compartilhado. Na minha perspectiva, se eles não tinham o desejo e o instinto de trabalhar conjuntamente e acreditar uns nos outros, então qual o sentido de estarem juntos? Adam parte do pressuposto de que é exatamente nesse momento que as pessoas precisam estar juntas.

- Nossa cultura nos faz acreditar que a resposta para a fragmentação e a polarização é o desenvolvimento de coalizões e estratégias para derrotar ou enfraquecer o outro lado. Empenhamo-nos em provar a superioridade do nosso posicionamento. Se somos uma empresa de petróleo, tabaco ou farmacêutica, criamos *think tanks* independentes para gerar pesquisas que coloquem em dúvida o posicionamento daqueles que se opõem a nós.

Ao lidar com um desafio complexo no qual os esforços anteriores para se obter resultados falharam, investimos em uma panaceia de estratégias de marketing, construímos movimentos e mobilizamos a vontade política para produzir a mudança que desejamos. No setor público, as estratégias mais visíveis são a guerra ao narcotráfico, à pobreza e ao terrorismo e a guerra civil. Convocamos conferências para escrever declarações, criar passos a serem dados e divulgamos notícias. A convocação para a conferência sempre tem como objetivo o bem comum.

No mundo empresarial e da gestão, quando há uma crise ou quando ocorre disrupção (e um produto perde mercado ou uma indústria ou negócio perde sua legitimidade para operar), geralmente trabalhamos com a gestão da mudança. Então criamos programas de mudança de cultura, treinamentos, definimos novos parâmetros, buscamos novas pessoas, mais agilidade e inovação.

Todas essas estratégias são bem aceitas e têm um impacto positivo. Certamente, elas trazem melhorias. Porém, grande parte desses esforços de transformação são apenas versões veladas da forma como tentamos fazer com que os outros mudem e alinhem sua forma de pensar ou suas ações às nossas intenções. Colonial em sua natureza, decepcionante na maioria das vezes.

Quando a mudança está emperrada, as estratégias convencionais sofrem de um tipo de ingenuidade. Elas são construídas sobre duas premissas.

A primeira delas é que há uma elite que sabe o que é melhor para as outras pessoas e para o mundo. É quase sagrada para todos nós a opinião de que há um círculo central de líderes e especialistas que têm o direito e o dever de criar *think tanks*, de declarar guerra a coisas popularmente vistas como negativas (drogas, pobreza e terror) e escolher as pessoas que falam e negociam em conferências. Dentro das organizações, basicamente acreditamos que o círculo principal é a alta gestão e, seja no mundo empresarial ou da educação, seja nas igrejas ou nos governos, são as pessoas mais bem preparadas para lançar os programas de mudança.

A segunda premissa é a crença de que podemos trilhar o caminho para o futuro resolvendo problemas. Está muito arraigada a crença de que a mudança vai acontecer quando conseguirmos uma visão compartilhada, objetivos claramente definidos e um caminho previsível para que esses objetivos sejam alcançados com

PREFÁCIO 15

medições observáveis, linhas do tempo e objetivos intermediários. O cimento que mantém tudo isso em pé é nossa crença, nossa forma de expressão para que as pessoas se apropriem de tudo isso e nossa cobrança por consequências em caso de falha.

Trabalhando com o inimigo questiona esse tipo de ordenamento racional, sobretudo em casos de problemas complexos, nos quais há visões muito divergente e conflitos entre os principais atores. Tal condição dos problemas complexos, seja em uma sociedade, seja em uma organização, exige uma nova abordagem, e é aqui que Adam traz algo incomparável.

Sua abordagem de colaboração "estendida" é uma alternativa ao pensamento dominante sobre a forma como o progresso é alcançado. Ele delineia um processo no qual pessoas com um longo histórico de desconfiança, incompatibilidade de objetivos e uma vida de antipatia mútua podem chegar a um futuro alternativo sem precisar atingir acordos de grande porte entre si. Ou seja, trazer pessoas que possuem intenções divergentes para dentro de uma sala para que, juntas, possam negociar ou desenvolver um plano de ação. Essas pessoas apenas precisam concordar que determinada situação precisa mudar, mas não se pede que abram mão de suas próprias soluções ou de seus posicionamentos históricos.

A última das práticas convencionais, que eu sempre valorizei muito e que Adam busca limitar, é acreditar que precisamos focar fundamentalmente na natureza das conversas entre partes opostas e interesses contrários. Os caminhos comuns buscam o entendimento por meio de uma escuta de melhor qualidade, diálogos cuidadosamente estruturados e gestão de conversas difíceis, até chegar ao Sim. Tais métodos são sempre úteis, mas, na abordagem estendida da colaboração, o diálogo não é a principal preocupação. Não basta apenas mudar a conversação como forma principal de criação de um futuro alternativo. É necessário algo mais.

Essa colaboração estendida possui três grandes pilares, que eu apenas irei nomear aqui. Você deverá ler este livro para se aprofundar neles. Em primeiro lugar, devemos afirmar a legitimidade e o valor de cada um dos lados e seus representantes. Essa ideia se manifesta na crença de que há mais de uma visão de mundo ou forma de pensar a serem consideradas. Isso é o reflexo de uma frase atribuída a Niels Bohr, que diz que: "para toda grande ideia, o oposto também é verdade".

Em segundo lugar, de acordo com Adam, é por meio do aprendizado experiencial e coletivo que podemos avançar na colaboração. Deixamos de lado todos os esforços para chegar a certezas negociadas e nos dedicamos à experimentação conjunta. Todos têm sua opinião, e apenas a experimentação conjunta pode permitir visualizar coletivamente quais vão funcionar na situação atual.

Finalmente, Adam pede que olhemos para a nossa percepção de nós mesmos e das pessoas com as quais trabalhamos, para chegar à colaboração.

Isso se aplica a todos que estejam buscando aproximar inimigos. É a consciência que deve estar presente de uma nova forma para que possamos perceber o que está acontecendo no mundo, em vez de tentar gerar um impacto sobre ele. E para que possamos perceber que somos tão parte do processo naquele momento quanto todas as outras pessoas que estão na sala.

Além das ideias que ele apresenta, este livro é relevante pois foi escrito com enorme humildade e aceitação de nossa natureza humana. Adam fala sobre suas tentativas de forçar a colaboração e como isso, na verdade, impediu que ela acontecesse. Ele fundamenta a teoria com exemplos absolutamente concretos de como as pessoas encontraram formas de honrar e reconhecer a legitimidade de seus inimigos e criar resultados que anteriormente pareciam impossíveis. Esta obra é elucidativa tanto por suas histórias quanto pelas teorias que apresenta.

Subjacente a tudo isso há uma dimensão espiritual não óbvia. Ela usa a linguagem do poder e do amor, que foi título de outra obra de Adam (*Poder e amor: teoria e prática da mudança social*) e evoca os aspectos misteriosos da colaboração. Coisas que não conhecemos, impossíveis de serem definidas. A colaboração desse tipo surge em determinados momentos da vida de um grupo que mudam o contexto dos esforços e abrem a possibilidade de que algo novo aconteça. É mais provável de acontecer quando há reconhecimento da igual capacidade de exercer poder e amor, ambos ao mesmo tempo, com as mesmas pessoas.

O que fica evidente nesta obra é uma chamada para o todo. Ela nos pede para encarar a difícil realidade do sofrimento político e humano no mundo, a existência de conflitos inegociáveis, de longas histórias de ódio. Ao mesmo tempo, ela nos convoca a incluir em nossa forma de pensar a possibilidade de que os inimigos tenham um papel útil em nossa busca por um futuro diferente. E para conseguir fazer tudo isso, precisamos investigar dentro de nós mesmos, como seres humanos conscientes, em processo de aprendizado e que cometem erros. Devemos aceitar que, mesmo com toda a nossa boa vontade, podemos não ter a confiança, a concordância ou o afeto dos outros – e, ainda assim, seguir avançando.

O verdadeiro desafio aqui é criar o espaço no qual a paz possa triunfar mesmo em face à nossa atração pelo conflito de culturas e ideologias, intensificado por um megafone jornalístico que é eminentemente interessado nos problemas do mundo. É a busca da paz em meio aos veículos de comunicação que têm como único objetivo ganhar a atenção das pessoas. Celebridade sem substância forja os vencedores, e a forja sem fatos é a forma de ganhar audiência.

Há muito sofrimento desnecessário no mundo e também em nossas próprias vidas institucionais. Grande parte dele causado por nosso próprio desejo de impor nosso jeito ou de se adaptar ao que não acreditamos. Colaborar com o inimigo é a forma de política que estávamos esperando: um caminho para o poder, para o amor e para a boa vizinhança que pode reformular nossa vida em sociedade.

Peter Block
Dezembro 2016

Apresentação

*N*os últimos vinte e cinco anos da minha vida, venho ajudando equipes de pessoas notáveis a trabalharem lado a lado em alguns dos mais relevantes desafios da nossa era, como emprego, educação, saúde, alimentos, energia, clima, justiça, segurança e paz. São pessoas comprometidas com o desenvolvimento e, para tal, dispostas a trabalhar lado a lado não apenas com seus amigos e colegas, mas também com seus oponentes e inimigos. Políticos de todos os partidos; guerrilheiros e generais; ativistas e burocratas; sindicalistas e executivos. Quando tais colaborações tiveram sucesso, elas trouxeram avanços inspiradores. Quando não funcionaram, produziram decepção e desilusão. Tais experiências extraordinárias no mundo todo me permitiram observar ao vivo e a cores as formas como a colaboração funciona – e como ela não funciona.

Nesse mesmo período, também trabalhei cotidianamente com colegas, clientes, parceiros, amigos e familiares. Por vezes, eu queria muito trabalhar com eles; outras vezes, não. Quando nossas colaborações funcionaram, eu me senti muito feliz. Quando não funcionaram, eu senti uma enorme frustração. E mais: me senti absolutamente confuso e envergonhado pensando como eu, um especialista internacional em colaboração, poderia falhar em minha própria prática? Essas experiências memoráveis me permitiram observar olhando de dentro e de fora como a colaboração funciona e como ela não funciona.

Essa justaposição de dois tipos muito diferentes de experiências me surpreendeu demais. Eu consegui notar que o desafio principal da colaboração é o mesmo nas situações ordinárias e nas extraordinárias. É um desafio simples – mas que não é fácil: como trabalhar em conjunto com diversas outras pessoas, incluindo aquelas com as quais não concordamos, das quais não gostamos ou nas quais não confiamos?

Este livro é para todos aqueles que batalham para conseguir trabalhar com pessoas diferentes em suas próprias empresas, governos, ONGs, com pessoas em outras organizações, comunidades ou setores. É para todos aqueles que precisam avançar nos principais desafios com seus amigos, colegas e também com seus oponentes e inimigos.

Nos últimos anos, tive muitas oportunidades em diversos contextos para conseguir executar projetos colaborativos. Por meio de muita tentativa e erro, eu gradativamente aprimorei meu entendimento do que é realmente necessário para se trabalhar conjuntamente. Este livro relata o que eu aprendi até aqui.

Introdução: como colaborar com pessoas das quais você discorda, não gosta ou desconfia

O desafio básico é o mesmo em qualquer lugar, em casa ou no trabalho, nos negócios e na política, nas questões locais, nacionais ou globais. Queremos realizar alguma coisa que acreditamos ser crucial. Para tal, precisamos trabalhar com outras pessoas, incluindo aqueles de quem discordamos, não gostamos ou em quem não confiamos. E isso nos divide tremendamente: acreditamos que devemos trabalhar com essas pessoas – mas ao mesmo tempo, não. A colaboração parece ser, concomitantemente, imprescindível e impossível. Então, como agir?

A razão de parecer impossível é que nosso entendimento sobre colaboração está equivocado. A ideia tradicional é a de que o processo requer que estejamos todos do mesmo lado, caminhando na mesma direção para concordarmos no que tem que acontecer, para garantir que aconteça e para conseguir que as pessoas façam o que deve ser feito. Em outras palavras, partimos da premissa de que a colaboração pode e deve ocorrer sob controle. A colaboração convencional parece uma reunião de planejamento.

Porém, esse formato tradicional está errado. Ao se trabalhar em situações complexas com partes diversas, a colaboração não vai acontecer – e não precisa acontecer – de forma controlada.

A colaboração "estendida" abandona a premissa do controle, abre mão das fantasias irreais de harmonia, certeza e concordância

Duas abordagens para a colaboração

	Colaboração convencional	Colaboração estendida
Como nos relacionamos com nossos colaboradores	Focar no bem e na harmonia da equipe (um todo maior)	Aceitar o conflito e a conexão (*holons* múltiplos e diversos)
Como avançamos em nosso trabalho	Concordar sobre o problema e sobre a solução (um plano perfeito)	Experimentar o caminho à frente (múltiplas possibilidades emergentes)
Como participamos em nossa situação	Mudar o que os outros estão fazendo (um líder supremo)	Participar do jogo (múltiplos cocriadores)

Convencional

Estendida

e aceita as realidades complicadas da discordância, da tentativa e erro e da cocriação. A colaboração estendida parece ser uma prática de artes marciais. Ela permite que as coisas sejam realizadas, mesmo em situações complexas, nas quais as pessoas não concordam umas com as outras ou quando não há confiança mútua.

A colaboração estendida requer três mudanças principais em nossa forma de trabalhar.

Em primeiro lugar, na forma com que nos relacionamos com nossos colegas colaboradores. Devemos nos afastar do foco exagerado nos objetivos coletivos e na harmonia da equipe e aceitar o conflito e a conexão que existem dentro e fora dela.

Em segundo lugar, na forma como avançamos o trabalho. Devemos nos afastar da insistência nos acordos claros sobre o problema, sobre a solução e sobre o plano, para caminhar em direção à experimentação sistemática das novas perspectivas e possibilidades.

Em terceiro lugar, na forma como participamos da nossa situação – ou seja, nosso papel. Devemos nos afastar da forma como tentamos mudar o que os outros estão fazendo e caminhar para a ação completa com disposição para mudar a nós mesmos.

A colaboração estendida é desafiadora porque esses três movimentos requerem que façamos o contrário do que parece ser natural. Em vez de nos afastarmos da complexidade, devemos mergulhar de cabeça dentro dela. Na maioria das vezes, isso é assustador e muito desconfortável.

Esses movimentos requerem que sejamos plurais: se distanciar da atenção a apenas um todo dominante, um plano perfeito, um líder superior, mover-se em direção aos *holons* múltiplos e diversos (todos que fazem parte de todos ainda maiores), múltiplas possibilidades emergentes, múltiplos cocriadores.

Realizar as coisas em situações complexas, com atores diversos, nunca é uma tarefa simples. É necessário mobilizar energias, equilibrar necessidades e realizar ações. A extensão não faz com que isso tudo desapareça, apenas permite que façamos isso com menos medo, mais foco, maior conexão e consciência. Há um provérbio que diz "Antes da iluminação, cortar lenha e carregar água.

Depois da iluminação, cortar lenha e carregar água". Após um movimento estendido e iluminado, ainda temos muito trabalho a fazer – porém, com melhores chances de sucesso.

Este livro apresenta a teoria e a prática da colaboração estendida. O Capítulo 1 explica por que a colaboração é necessária e por que é intrinsicamente difícil. O Capítulo 2 sugere uma forma de decidir quando colaborar e quando, em vez disso, forçar, adaptar-se ou sair. O Capítulo 3 detalha as limitações da colaboração convencional e as condições específicas para que seja aplicável. O Capítulo 4 define a colaboração estendida. Os Capítulos 5, 6 e 7 descrevem em detalhes os movimentos de extensão: aceitar o conflito e a conexão, experimentar uma forma de avançar, participar do jogo. A Conclusão traz um programa de exercícios para praticar essas ideias.

1

Colaborar: cada vez mais necessário e mais difícil

A urgência em se formar parcerias de conexão em arranjos colaborativos talvez seja a mais primitiva, a mais forte e a mais fundamental força da natureza. Não há criaturas que vivam na solidão ou em isolamento, toda forma de vida depende de outras formas de vida.

Lewis Thomas[1]

A colaboração frequentemente é imprescindível e, geralmente, desafiadora. E quanto mais precisamos dela, mais difícil ela parece ser.

"Eu jamais conseguiria trabalhar com *essa gente*!"

Em novembro de 2015, eu estava promovendo o primeiro colóquio de um grupo de 33 líderes de um país. Eles estavam reunidos para buscar soluções para o problema mais grave de sua nação: a associação devastadora de insegurança, ilegalidade e desigualdade. Todo mundo naquela sala estava preocupado com a situação e determinado a fazer alguma coisa. Sua convicção era de que, juntos, poderiam conseguir mais coisas que separadamente.

Eu considerava aquele um projeto fundamentalmente importante e estava determinado a fazer um bom trabalho.

Os participantes vinham de todos os estratos da sociedade: políticos, ativistas de direitos humanos, generais do exército, empresários, líderes religiosos, sindicalistas, intelectuais e jornalistas. Eles tinham profundas diferenças ideológicas e muitos eram rivais políticos, pessoais ou nos negócios. De forma geral, tinham opiniões discordantes e não confiavam uns nos outros. Tanto no país de uma forma geral quanto no grupo, a suspeição e a defensiva estavam em níveis estratosféricos.

Para resolver o problema mais grave que enfrentavam, essas pessoas precisavam trabalhar conjuntamente – mas eles não sabiam se isso seria possível.

Eu achei que o colóquio estava indo bem. Os participantes estavam conversando sobre suas experiências e perspectivas fundamentalmente diversas, ora todos juntos, ora em grupos menores, nas refeições, durante as caminhadas ou nas visitas a pessoas e projetos locais fora do hotel. Eles estavam começando a se conhecer com enorme cautela e desejando que, coletivamente, pudessem fazer a diferença.

Então, na última manhã de trabalho, a equipe de organizadores do projeto (onze pessoas locais, meus colegas e eu) começamos a discutir sobre as coisas que não estavam indo bem: confusões metodológicas, problemas logísticos e falhas de comunicação. Alguns dos organizadores achavam que eu não estava fazendo um bom trabalho e, na manhã seguinte, escreveram e fizeram circular entre eles uma nota crítica.

Um dos membros da equipe enviou a nota para mim. Eu me senti extremamente ofendido e irritado que os organizadores estivessem contestando meu saber e profissionalismo pelas minhas costas. Então tive medo de que as realizações e os resultados que eu esperava do projeto estivessem em risco. Entendi que precisava me defender e enviei um primeiro, então um segundo e mais um terceiro *e-mail* explicando por que, de acordo com a minha opinião de especialista, o que eu tinha feito estava correto. Eu sabia que tinha cometido erros, mas tinha medo de que, se os admitisse naquele momento, estaria me expondo a um risco ainda maior. Tinha certeza de que, no geral, eu estava certo e eles estavam errados; eles eram os vilões e eu era o herói vitimizado.

À medida que a semana avançou e eu conversei por telefone com vários dos organizadores, minha atitude se tornou ainda mais dura. Eu achava que aqueles que me culpavam pelos problemas que estávamos enfrentando estavam erroneamente traindo seus esforços em equipe e traindo a mim. Eu revidei e os culpei. Tornei-me cada vez mais desconfiado, suspeitoso, decidido e rígido. Também queria me manter a salvo, então fiquei cada vez mais na defensiva e cuidadoso. Decidi que não concordava com os organizadores, não gostava deles e não confiava neles. Eu não queria mais me envolver com eles naquele ou em outros projetos futuros. O que eu realmente queria era que eles desaparecessem.

A síndrome da inimização

Esse breve e difícil conflito me fez sentir na pele um desafio sobre o qual eu pensava há muito tempo. Para poder avançar nesse projeto, o que era muito importante para mim, eu precisaria trabalhar com outras pessoas. Entre elas, estavam pessoas das quais eu discordava, ou não gostava ou nas quais não confiava. Comecei a encarar todos eles como meus inimigos. Essa polarização em nossa equipe colocou em risco todo o trabalho que estávamos fazendo. Além disso, durante essa pequena interação interna, reproduzimos a grande dinâmica do sistema nacional: desconfiança, fragmentação e colapso. Todos os motivos pelos quais o projeto havia sido criado.

Nesse incidente ordinário, eu reproduzi um comportamento ou síndrome muito comum que eu chamo de inimização. Consiste em pensar e agir como se as pessoas com as quais estamos lidando fossem nossos inimigos, as pessoas que originam nossos problemas e nos fazem mal. Nos mais variados contextos, utilizamos outras palavras com conotações ligeiramente diferentes para descrever as pessoas de quem nos diferenciamos. Os outros, rivais, concorrentes, oponentes, adversários, inimigos. Utilizamos tais caracterizações frequentemente em contextos ordinários ou extraordinários, conscientemente, casualmente ou, até mesmo, habitualmente. Porém, os inimigos são sempre os outros: *ESSA GENTE*. É como um jogo de conjugação de verbos: eu sou firme, você é obstinado, ele é um idiota. O equivalente na inimização seria: "Eu tenho outra opinião, você está errado, ele é o inimigo".

Normalmente vemos essa inimização em tudo ao nosso redor. Ela domina a mídia todos os dias: as pessoas identificam o outro como oponente a ser derrotado, como inimigo a ser destruído. Esse outro pode ser chamado de várias formas: nacionalistas ou internacionalistas, imigrantes e xenofóbicos, corporações e ambientalistas, terroristas e infiéis.

A eleição presidencial dos Estados Unidos em 2016 foi o melhor exemplo de inimização. Ao falar sobre a campanha de Donald Trump, o comediante Aasif Mandvi explicou como a inimização cria um círculo vicioso que se autoperpetua:

> Basicamente, Trump está capitalizando sobre a forma de pensar mais amedrontada, racista, xenofóbica, com base no medo que existe neste país, e também está justificando isso em outras partes do mundo. Seja o Estado Islâmico (ISIS), seja o Trump, o que eles estão dizendo basicamente é que há motivos para você ter medo, há motivos para você se sentir privado de seus direitos, há motivos para você sentir ódio: é por causa daquelas pessoas ali.[2]

Inimização, calúnia e demonização estão onipresentes no discurso político ao redor do mundo. Tal síndrome de inimização é confirmada por nós não apenas no mundo político, mas também no trabalho e em casa.

Eu mesmo inimizo com frequência. Fico inventando histórias para explicar como as pessoas estão fazendo as coisas do jeito errado: colegas, clientes, fornecedores, vizinhos e familiares. Eu sei que essas histórias não são completas – ou justas, que não contam tudo o que está acontecendo e que não são uma forma muito produtiva de se viver. Também sei que muitas pessoas fazem isso. Por exemplo, quando duas pessoas chegam na terapia de casal pensando "nossos problemas existem por culpa do meu parceiro, espero que esse terapeuta o faça entender que ele tem de mudar". No entanto, a inimização é sedutora, porque ela confirma que tudo está bem conosco e que nós não somos responsáveis pelas dificuldades que estamos enfrentando.

A inimização é uma forma de entender e abordar as diferenças reais. Ela simplifica realidades complexas e multifacetadas, nos permite esclarecer nosso entendimento do que está acontecendo e mobilizar as energias para lidar com isso. Porém, como o jornalista H. L. Mencken disse, "sempre há uma solução fácil para todos os problemas humanos: simples, plausível e errada".[3] Entretanto, nossa tendência a inimizar (embora muito animadora, satisfatória, justa e até mesmo heroica), geralmente, obscurece e nunca ilumina a verdade dos desafios que estamos enfrentando. Ela amplia os conflitos, diminui o espaço para a resolução de problemas e para a criatividade e volta nossa atenção a sonhos inatingíveis de vitória esmagadora, fazendo com que deixemos de prestar atenção às coisas que realmente precisam ser feitas.

O DESAFIO CENTRAL DE COLABORAR

A síndrome da inimização que eu observei e vivenciei está no cerne do desafio de colaborar.

Na política, no trabalho e em casa, colaborar é tão necessário quanto é difícil. Queremos executar algo que seja importante para nós. Porém, para fazer isso, precisamos trabalhar com pessoas que encaram as coisas de modo diferente. Quanto mais importante o assunto e quanto mais diferentes os pontos de vista, mais necessário e complicado será colaborar.

O grande desafio de colaborar está cristalizado na tensão entre suas duas definições no dicionário. Significa "trabalhar em conjunto" e também "cooperar traiçoeiramente com o inimigo".[4] A própria palavra remete tanto a uma história de progresso generoso e inclusivo (como o trabalho criativo e produtivo de uma equipe que diz "Precisamos todos colaborar!") quanto a uma história de vilania amoral e degenerativa, como aconteceu na França durante a Segunda Guerra Mundial (quando se dizia "Morte aos colaboradores!").

O desafio de colaborar é que, para avançar, devemos trabalhar com outras pessoas, inclusive aquelas de quem discordamos, não gostamos ou em quem não confiamos. E, para evitar a traição, não devemos trabalhar com elas.

Tal desafio está se tornando cada vez maior. As pessoas se tornam crescentemente mais livres, mais individualistas e mais diversas, com mais voz e menos respeito. Suas identidades e afiliações se tornaram mais fluidas. Graças às novas tecnologias, as consolidadas hierarquias políticas, organizacionais, sociais e familiares estão se fragmentando. Volatilidade, incerteza, complexidade e ambiguidade estão crescendo.

Cada vez mais, deixamos de conseguir fazer coisas unilateralmente ou apenas com nossos amigos e colegas. Cada vez mais precisamos trabalhar com outras pessoas, incluindo nossos oponentes e inimigos – e isso se torna mais e mais difícil.

Tal desafio colaborativo é fascinante por surgir do enfraquecimento do autoritarismo e da subserviência. Também é aterrorizador porque, se não for realizado com sucesso, produziremos níveis crescentes de fragmentação, polarização e violência.

Temos que encontrar uma forma de colaborar mais efetivamente.

O desafio de colaborar surge quando dizemos a nós mesmos "eu jamais conseguiria trabalhar com *essa gente*!". O que significa dizer isso? Talvez não queiramos trabalhar com aquelas pessoas, não sejamos capazes ou não precisemos daquilo. Em tais situações, quando acreditamos que não seja desejável, possível ou necessário trabalhar com determinadas pessoas, obviamente tentaremos trabalhar sem elas ou contra elas, para que sejam evitadas ou derrotadas.

E o que fazer quando acreditamos que seja necessário trabalhar com essas pessoas? Porque sabemos que não podem ser evitadas ou derrotadas, talvez elas possuam uma competência ou recurso do qual precisamos ou talvez acreditemos que seria errado que fossem excluídas.

Esses momentos nos fazem ver o desafio principal da colaboração. Entendemos que os valores e comportamentos dessas outras pessoas sejam diferentes dos nossos, acreditamos que são errados ou ruins e nos sentimos frustrados ou irritados. Sabemos que é necessário trabalhar com eles, mas desejamos internamente que isso não fosse necessário. Temos medo de precisar comprometer ou trair aquilo no que acreditamos e que é importante para nós.

Nesses momentos, embora vejamos que precisamos colaborar com essas pessoas, não vemos como isso poderá acontecer com sucesso.

Então, como ter sucesso ao se trabalhar com pessoas das quais discordamos, não gostamos ou desconfiamos?

2

Colaborar não é a única opção

A Arte da Guerra *não fala apenas de guerra. Na verdade, é um manual sobre como trabalhar impecavelmente e com bons resultados sob condições extremas e caóticas em qualquer tipo de conflito. O texto reconhece que, além do conflito ser inevitável na vida, é possível atingirmos nossos próprios objetivos sem contribuir para os conflitos. É por isso que as pessoas continuam sempre voltando a essa obra, e não é porque ela explica como ganhar uma guerra. É porque ela explica que um conflito raramente precisa atingir o nível de guerra, quando a luta extremamente polarizada exaure os recursos das partes envolvidas, sejam elas nações, empresas, parceiros, colegas ou amigos.*

James Gimian e Barry Boyce[1]

Somente é possível entender como colaborar depois de entender quando colaborar. A colaboração é apenas uma das quatro formas de abordar situações que consideramos problemáticas, e nem sempre é a nossa melhor opção.

O CAMINHO À FRENTE É INCERTO

João e Maria chegaram ao seu limite. Seu filho, José, está com as prestações do financiamento habitacional atrasadas e corre o risco de perder sua casa. Eles estão muito preocupados com José e sua família, mas também estão cansados de sempre terem de ajudar. Eles devem fazer o mesmo de sempre e dar a ele o dinheiro para pagar as prestações? Devem usar a influência que possuem sobre o filho para que ele tome o rumo certo? Devem se afastar e deixar que José resolva seus problemas por si só? Devem trabalhar com ele para buscar uma forma de resolver a situação? Eles não sabem o que fazer.

Essa história ilustra brevemente o ponto de partida de todas as tentativas de colaboração para lidar com uma situação desafiadora. As coisas não vão funcionar como queremos e, acima de tudo, as outras pessoas não vão fazer o que queremos que façam. Há muitas opções. Deveríamos tentar colaborar?

"A SOLUÇÃO MILAGROSA É TRABALHARMOS JUNTOS PARA PODERMOS RESOLVER AS COISAS"

Foi em 1991, na África do Sul, que eu me interessei pelo potencial da colaboração pela primeira vez, como resultado de uma experiência inspiradora. À época, eu estava trabalhando na sede da empresa de energia Royal Dutch Shell, em Londres, desenvolvendo cenários sócio-político-econômicos globais. Ou seja, histórias alternativas sobre o que poderia acontecer no cenário futuro de negócios da empresa. Um ano antes, o governo branco de F. W. de Klerk havia libertado Nelson Mandela da prisão e iniciado as negociações para acabar com o regime do *apartheid* e avançar para a democracia. Dois professores da Universidade do Cabo Ocidental, Pieter le Roux e Vincent Maphai, tiveram a ideia de utilizar a metodologia de cenários da Shell para descobrir como os sul-africanos conseguiriam fazer a transição. Eles me convidaram para dar a orientação metodológica da iniciativa, e foi assim que eu facilitei o Exercício de Cenários de Mont Fleur.[2]

Le Roux e Maphai decidiram realizar o exercício de cenários com uma equipe que também incluía líderes de toda a sociedade segregada, como políticos, empresários, sindicalistas, líderes comunitários e acadêmicos (e não apenas com colegas, como fazíamos na Shell). Eram pessoas brancas, negras, da oposição, da situação, da esquerda e da direita. Eu trabalhei com essa equipe em quatro finais de semana em 1991 e 1992. Era surpreendente ver que, embora tivessem diferenças profundas entre si, eles conseguiram colaborar com alegria e criatividade e fazer contribuições fundamentais para que os sul-africanos conseguissem realizar a transição.

Minha experiência em Mont Fleur expandiu meu entendimento do que era possível no mundo e na minha vida pessoal. Em minha primeira viagem à Cidade do Cabo, ouvi uma piada que explicava o que eu estava vendo. Era assim: "diante dos problemas avassaladores do nosso país, temos duas opções, uma prática e uma milagrosa. A opção prática é todo mundo se ajoelhar e rezar até que um monte de anjos desça do céu e resolva nossos problemas. A solução milagrosa é trabalharmos juntos para resolver as coisas". Eu fiquei apaixonado por essa piada e, nos anos seguintes, eu a contei inúmeras vezes. Notei que, colaborando com seus inimigos, os sul-africanos haviam conseguido executar a solução milagrosa.

Eu fiquei tão entusiasmado com minha experiência em Mont Fleur que pedi demissão de meu emprego na Shell e imigrei para a Cidade do Cabo para me dedicar ao caminho que havia começado por lá. Tinha certeza de que colaborar era a melhor forma de lidar com desafios complexos. Nas décadas que se seguiram, liderei dezenas de grandes colaborações no mundo todo, fui cofundador de um negócio social para dar apoio a esse trabalho e escrevi três livros sobre os princípios e as práticas que meus colegas e eu estávamos descobrindo.

Entretanto, de tempos em tempos, eu tive experiências que me fizeram questionar a opção por colaborar. Em 2003, por exemplo, o agroativista Hal Hamilton e eu iniciamos uma colaboração de grande escala chamada *Sustainable Food Lab* (ou Laboratório da Alimentação Sustentável). Essa iniciativa, que segue solidamente ativa, une empresas (como Unilever, Walmart e Starbucks), organizações não governamentais (como WWF, Oxfam e Rainforest Alliance), fazendeiros, pesquisadores e órgãos governamentais para acelerar a construção de um sistema global de alimentos mais sustentável.[3]

Durante a prospecção dos primeiros membros do *Sustainable Food Lab*, Hamilton e eu perguntamos a diversos líderes do sistema de alimentos se eles teriam interesse em participar da iniciativa. Muitos acharam que seria uma forma de avançar em seus objetivos de sustentabilidade e, no meio de 2004, já tínhamos uma equipe grande e diversificada o suficiente para iniciar o laboratório.

Porém, uma coisa me surpreendeu muito: os sólidos argumentos de três organizações que foram convidadas a participar, mas declinaram. Uma multinacional disse que preferia buscar a sustentabilidade sozinha, para obter uma vantagem competitiva. Uma organização internacional de trabalhadores disse que tinha interesse em participar, mas apenas depois de conseguir consolidar seu poder para lidar de igual para igual com as corporações que estavam participando. Um órgão governamental disse que entendia que sua função era de trabalhar separadamente de outras organizações para que pudesse fazer e aplicar suas regras sem ser acusado de parcialidade. Todos esses três atores tinham motivos para acreditar que colaborar não seria sua melhor opção.

Enquanto isso, entre 2000 e 2012, eu tentei ajudar colegas venezuelanos a organizar uma colaboração multilateral ampla para lidar com os gravíssimos desafios econômicos, sociais e políticos em seu país. Entretanto, todas as vezes, nossos esforços esbarraram na falta de vontade do governo revolucionário e socialista de Hugo Chávez em participar do projeto, que nunca decolou.

Em 2011, um deputado de um partido de oposição venezuelano me contou uma história sobre o extraordinário nível de não colaboração política. Ele disse que "deputados do governo e da oposição conseguiam trabalhar juntos em determinadas comissões, mas agora o governo se recusa a conversar conosco. A única conversa que eu tive recentemente com um chavista foi na privacidade do banheiro masculino no Congresso, quando um deles estava no mictório do lado do meu e me sussurrou: 'se vocês conseguirem chegar ao poder, não esqueçam que somos amigos, hein?'".

O que eu entendi depois é que a recusa do governo de Chávez em participar de nosso projeto não era porque eles não entendiam os princípios ou oportunidades da colaboração. Não seria necessário explicar novamente com mais detalhes e mais persuasivamente. Eles se recusavam a participar porque sua estratégia estava parcialmente baseada em uma premissa lógica oposta: a demonização de seus adversários políticos como capitalistas traiçoeiros os ajudava a manter o suporte da base popular. Nesse caso, da perspectiva dos chavistas (e de muitos outros políticos em muitos outros países), colaborar não era sua melhor opção.

Ao longo desse período, enquanto eu tentava ajudar outras pessoas em suas colaborações, eu estava tendo problemas com as minhas. Tive muita dificuldade de me relacionar com as pessoas, além de estranhamentos longos, sombrios e tristes. Por três vezes, eu tive desentendimentos sérios com diferentes parceiros de negócios. Em cada uma dessas vezes, nossas diferenças se tornaram mais e mais graves, desagradáveis e sem solução. Tais experiências me deixaram muito confuso e envergonhado, tive medo de que minha incapacidade de resolver meus conflitos cotidianos significasse que eu era uma fraude, que não seria capaz de ajudar outras pessoas a resolverem seus grandes conflitos.

Há três alternativas à colaboração

Foi apenas anos mais tarde, na Tailândia, que eu entendi claramente o que estava envolvido na escolha por cooperar.

Em agosto de 2010, eu fui para Bangkok a convite de um grupo de cidadãos preocupados com os conflitos políticos que aconteciam entre as forças pró e antigoverno, e que haviam causado protestos sangrentos recentemente. Eles tinham medo de que a agitação, a polarização e a violência pudessem fugir do controle e, na pior das hipóteses, levar à guerra civil. Esse grupo convocou uma equipe de líderes em todas as áreas da política, empresariado, militares, aristocracia e organizações da sociedade civil, que representavam muitas das facções do conflito. Elas se acusavam mutuamente pelo que estava acontecendo. Entretanto, estavam dispostas a trabalhar em conjunto sobre uma questão comum a todos: "Qual é a Tailândia que queremos deixar para nossos filhos?".

Eu participei desses *workshops* e também de diversas reuniões menores com diferentes atores para que conseguissem encontrar formas de resolver o conflito. A história, a cultura e os valores da Tailândia eram para mim únicos e confusos. Além disso, os tailandeses também tinham que lidar com as dinâmicas sociais presentes em todo o mundo. Portanto, aprendi lições gerais ao trabalhar com esse grupo de pessoas que me levaram a entender o que é necessário para lidar com tais dinâmicas.

O grupo desenvolveu seus trabalhos entre abril e agosto de 2013 para entender o que estava acontecendo em seu país. Compartilharam suas diversas experiências e entendimentos uns com os outros e também se reuniram com especialistas e pessoas comuns. A partir dessa imersão, eles conseguiram determinar três desafios complexos que os tailandeses enfrentavam: tensões sociais e culturais, pressões econômicas e ambientais e limitações políticas e institucionais. Eles concordaram que o futuro que iria surgir na Tailândia dependia *do que* as pessoas fizessem para resolver os desafios e *da forma* como lidassem com eles.

Eles concluíram que havia três posicionamentos possíveis que os tailandeses poderiam adotar para os desafios do país e os chamaram de Adaptamos, Forçamos e Colaboramos.

Em Adaptamos, os tailandeses apenas continuariam a cuidar de si, de suas famílias e organizações e deixariam os grandes desafios da sociedade para que outros resolvessem, especialmente o governo e as elites. Essa era a abordagem que a maioria dos indivíduos e das organizações estava acostumada a escolher.

Em Forçamos, muitas pessoas se engajariam em movimentos políticos para pressionar ou impor soluções de cima para baixo para esses desafios. Eles lutariam até vencer. Os tailandeses já haviam escolhido esse caminho no passado, mais recentemente durante as agitações políticas entre 2008 e 2010.

Em Colaboramos, muitas pessoas se envolveriam em novos esforços transfaccionais e multissetoriais para desenvolver diversas soluções que emanassem da base. Essa abordagem tinha o menor histórico na Tailândia.

A conclusão inicial da equipe foi de que os tailandeses não seriam capazes de resolver seus desafios complexos se o posicionamento que tomassem fosse principalmente os dois que já lhes eram familiares, Adaptamos e Forçamos. Os desafios eram excessivamente complexos e a sociedade estava polarizada demais para que uma solução fosse imposta por qualquer uma das facções de especialistas ou autoridades. Eles apenas conseguiriam resolver seus desafios se o posicionamento fosse aquele menos familiar e mais inclusivo, ao qual eles deram o nome de Colaboramos. A equipe então criou um movimento para difundir essa atitude, chamado *Collaborate We Can* (Podemos Colaborar). Fiquei muito feliz com essas conclusões porque elas estavam alinhadas com minha crença histórica na colaboração.

Em novembro de 2013, eu retornei à Tailândia para ajudar a equipe a terminar de escrever o relatório. Nossa percepção do que poderia acontecer no país, entretanto, foi rapidamente superada pelos acontecimentos que vimos na televisão. O governo estava tentando aprovar uma lei que anistiava políticos por crimes cometidos durante os períodos anteriores de agitação. Centenas de milhares de manifestantes antigoverno que achavam que essa lei era uma forma de corrupção organizaram passeatas gigantescas, invadiram prédios públicos e exigiram que o parlamento eleito fosse substituído por um conselho de pessoas nomeadas. A inimização mútua cresceu exponencialmente e todos os lados acusavam seus oponentes de serem irracionais, maus ou traidores. O maior medo da equipe, de que o país caísse em guerra civil, finalmente parecia possível.

Eu estava alarmado e decepcionado com esse colapso nos esforços de promover o cenário Colaboramos. Além disso, estava surpreso com o fato de que muitos dos meus colegas tailandeses, convencidos de que tal colaboração significaria a rendição, estavam trabalhando ativamente para implementar diferentes versões do Forçamos por meio de seu apoio fervoroso a ações pró ou antigoverno.

O conflito político na Tailândia continuou durante os primeiros meses de 2014 no parlamento tailandês, nos tribunais e nas ruas. Os manifestantes antigoverno ocuparam as áreas centrais de Bangkok, invadiram prédios públicos e impediram à força as eleições de um novo governo. O governo declarou estado de emergência e tentou fechar as ruas ocupadas. Os dois lados entraram em negociações para tentar resolver o conflito, mas sem sucesso. Finalmente, em maio de 2014, o exército implementou sua própria opção Forçamos: com um golpe de estado, impuseram uma junta de governo, declararam lei marcial, censuraram a mídia e prenderam políticos e ativistas, incluindo alguns que estavam em nossa equipe.

Nesse período da história da Tailândia, as três opções que a equipe havia descrito estiveram em cena. À medida que a crise nacional se intensificou, muitos tailandeses abandonaram Adaptamos e Colaboramos em favor de Forçamos. Eles diziam que colaborar com seus oponentes e inimigos era algo inaceitável, e não viam a colaboração como a melhor opção.

Nos meses que se seguiram, eu conversei por diversas vezes com meus colegas tailandeses sobre o que eles achavam que tinha acontecido e o que isso significava. Quanto mais conversávamos sobre as ideias da equipe, mais valiosas elas se tornavam. Então entendi que a equipe tinha construído uma estrutura arquetípica de opções disponíveis, não apenas para os tailandeses, mas para todos nós que enfrentamos situações desafiadoras.

Colaborar deve ser uma escolha

O que eu vim a entender na Tailândia foi que, toda vez que enfrentamos uma situação problemática, seja na política, seja em casa, temos quatro opções. Colaborar, forçar, adaptar-se ou retirar-se. A equipe da Tailândia não discutiu a retirada porque estava dedicada

COLABORAR NÃO É A ÚNICA OPÇÃO 41

Quatro formas de lidar com situações problemáticas

Podemos mudar
a situação?

Sim / Não

Podemos fazer essa
mudança de forma unilateral?

Podemos aguentar a
situação como está?

Não / Sim   Sim / Não

Colaborar
(multilateral)

Forçar
(unilateral)

Adaptar-se
(unilateral)

Retirar-se
(unilateral)

às formas de implementar a mudança no país. Algumas vezes, nem todas essas opções estão disponíveis. Por exemplo, podemos não ter os meios de implementar à força. Porém, sempre temos que escolher entre essas quatro opções.

Muitas pessoas veem a colaboração como a melhor opção e a escolha óbvia: estamos todos interconectados, somos interdependentes e devemos dar o melhor para trabalharmos juntos. Foi a lição que eu aprendi em Mont Fleur, embora eu entenda agora que ela é verdadeira apenas algumas vezes. Não será sempre possível trabalhar com todo mundo, e também não será sempre impossível. Portanto, colaborar não se trata de algo certo ou errado. Na prática, temos que escolher a cada situação se vamos colaborar ou não.

Podemos tomar essa decisão usando racionalidade, intuição ou a força do hábito. Porém, sempre devemos ter um entendimento claro das oportunidades e riscos em cada escolha.

Tentamos *colaborar* sempre que queremos mudar a situação na qual nos encontramos e achamos que é possível fazer isso apenas se trabalhamos em parceria com outras pessoas (multilateralmente). Acreditamos que não é possível saber o que precisa ser feito sozinhos ou que, mesmo que saibamos, não é possível fazer isso isoladamente. Podemos ou não querer colaborar, mas achamos que, dadas as circunstâncias, é o necessário.

Colaborar é a oportunidade de encontrar uma forma de avançar com melhores resultados e ter um impacto mais amplo e mais sustentável ao se trabalhar com oponentes ou inimigos, bem como colegas ou amigos. Porém, a colaboração não é uma panaceia. Há riscos de que ela traga poucos resultados e de forma lenta, que nos leve a um compromisso exagerado ou mesmo que nos coopte ou nos faça trair o que mais importa. No início da década de 1990, por exemplo, os sul-africanos escolheram colaborar para chegar a uma transição negociada para a democracia, tanto em Mont Fleur quanto em outros lugares. A maioria de nós acreditava que aquela era a melhor opção. Entretanto, essa decisão e os compromissos resultantes foram contestados à época e ainda o são até hoje.

Tentamos *forçar* quando acreditamos que devemos e conseguiremos mudar nossa situação sem trabalhar em parceria com os outros (unilateralmente). Acreditamos que, sozinhos, ou juntamente com nossos colegas e amigos, sabemos o que precisa ser feito e devemos impor isso para todos. Podemos fazer tal imposição de diversas formas: pacífica ou violentamente, seduzindo ou derrotando, utilizando ideias, competências, apoiadores, votos, autoridade, dinheiro ou armas.

A grande lógica de forçar é que essa opção está alinhada com a forma de pensar natural e habitual de diversas pessoas. Elas acreditam que, na maior parte das situações, forçar é a melhor opção para mudar, talvez a única forma realista. Em princípio, é o direito de usar a força por uma causa justa, e não fazer isso seria errado e covarde. O risco de forçar é que, ao tentarmos impor nossa forma de agir, outras pessoas que pensam de maneira diferente poderão exercer uma força oposta e, assim, não atingiremos os resultados esperados. Em 2014, os dois lados do conflito tailandês tentaram forçar os resultados que queriam, e os militares forçaram sua opção. Muitas pessoas concordaram com a ação dos militares porque ela impediu a escalada da violência, mas ela efetivamente apenas atrasou ainda mais a abordagem dos problemas do país.

Tentamos nos *adaptar* quando achamos que não é possível mudar nossa situação e, portanto, precisamos encontrar uma forma de conviver com ela. A adaptação requer a utilização de muita inteligência, engenhosidade e coragem, mas apenas podemos fazer isso dentro de uma esfera limitada. Acreditamos que não somos capazes de mudar o que está acontecendo fora de nossa área de influência direta. Não é possível mudar as regras do jogo, portanto, devemos jogar da melhor forma possível. Para isso, focamos em fazer o melhor e ignoramos, evitamos ou nos adaptamos ao que está acontecendo ao redor.

A oportunidade de se adaptar é que podemos continuar nossas vidas sem gastar energia tentando mudar coisas que não podemos mudar. Algumas vezes, a adaptação funciona muito bem. Outras vezes, os resultados não são muito bons, mas é o melhor a se fazer.

O risco é que a situação na qual nos encontramos se torne tão desfavorável que não seja mais possível se adaptar, e a sobrevivência se tornará uma luta diária. As três partes que recusaram o convite para participar no *Sustainable Food Lab* acreditavam que teriam mais chance de atingir seus objetivos se trabalhassem dentro do sistema existente, em vez de entrar em uma nova colaboração para tentar transformar seu contexto.

Experimentamos *nos retirar* quando acreditamos que não é possível mudar a situação e não queremos mais viver nela. É possível se retirar pedindo demissão, divórcio ou indo embora. Algumas vezes, retirar-se é rápido e fácil. Outras vezes, requer abrir mão de diversas coisas que nos são importantes. Na Venezuela, mais de um milhão de pessoas se desesperaram com a crise em seu país e emigraram.

Tal elaboração das quatro opções me permitiu entender melhor o que eu vinha fazendo quando tinha conflitos com meus parceiros de negócios. Primeiro, eu tentava me adaptar buscando uma forma de fazer o que eu queria enquanto tentava me adaptar ao *status quo* da parceria. Meio que dançando conforme a música. Quando isso não funcionava, então eu tentava colaborar para mudar o *status quo*, mas não conseguia ter sucesso. Eu tinha medo do conflito, com medo de que eu machucasse ou ficasse ofendido, então eu fugia dele, tentando manter uma situação civilizada e sob controle. Isso me impedia de resolver os desentendimentos e continuar a trabalhar conjuntamente. E porque eu me sentia tão desconfortável com conflitos, eu nunca conseguia imaginar como continuar trabalhando conjuntamente sem entrar em acordo. Ao final, eu tentava forçar, impondo minha forma de fazer as coisas, mesmo se o parceiro não a aceitasse. Algumas vezes, eu ganhei e meu oponente foi expurgado da parceria. Outras vezes, eu fui o expurgado.

Podemos ver nossas escolhas entre essas quatro opções através das lentes pragmáticas do poder. A partir dessa perspectiva, escolhemos colaborar apenas quando é a melhor forma de atingir nossos objetivos. Mais especificamente, escolhemos a abordagem multilateral de colaboração quando as diversas opções unilaterais de adaptação e retirada são desagradáveis, e quando a opção unilateral de força é impossível. Em outras palavras, nos adaptamos ou retiramos quando os outros são mais poderosos que nós e podem impor sua forma de fazer as coisas. Exercemos a força quando somos os mais poderosos, e colaboramos apenas quando o nosso poder é equivalente, e nenhum de nós pode impor sua vontade.

Obviamente, é impossível decidir colaborar sozinho. É fácil iniciar uma colaboração quando nós e os outros concordamos no que precisamos e queremos fazer. Porém, frequentemente queremos colaborar e as outras pessoas não querem (ou vice-versa). Os outros entendem que retirar-se ou se adaptar (não lidar conosco) ou forçar (nos derrotar) são melhores opções que colaborar (trabalhar em parceria). Em tais circunstâncias, podemos esperar por sua frustração, dúvida ou desespero sobre a viabilidade de suas opções unilaterais, o que fará com que seu interesse em colaborar aumente. Nessas situações, ou podemos agir para aumentar sua frustração, dúvida ou desespero sobre a viabilidade de suas opções unilaterais, por exemplo, demonstrando que temos capacidade e estamos dispostos a empregar força de resistência; ou podemos agir para aumentar sua empolgação, curiosidade ou esperança na viabilidade da colaboração, por exemplo, fazendo com que o envolvimento de um terceiro garanta a segurança da atividade.

Para concluir, podemos decidir colaborar não apenas por causa das características da situação específica, mas também por causa de nossas preferências de um modo geral. Podemos ter motivos políticos, sociais, culturais, psicológicos ou espirituais para preferir colaborar, estar em comunidade e em comunhão.

Colaborar não é nossa única opção. Portanto, é necessário pensar claramente se é a melhor escolha, ou se devemos forçar, nos adaptar ou nos retirar. Digamos que, seja qual for a combinação de motivos, intuição e preferência, a escolha seja pela colaboração. Como então podemos fazer isso com sucesso?

3

A colaboração estrita e convencional está se tornando obsoleta

A dificuldade não reside nas novas ideias, mas em escapar das ideias antigas, pois, para aqueles que foram criados como a maioria de nós, essas ideias se ramificam em todos os cantos da mente.

John Maynard Keynes[1]

O modo padrão mais comum de colaboração é controlado. Porém, nos contextos mais complexos e contenciosos, ele não funciona e nem pode funcionar.

O ESTREITAMENTO IMPEDE A MOVIMENTAÇÃO

João e Maria estão debatendo sobre o que fazer com os problemas financeiros de seu filho José. Eles querem ajudar e também sabem, a partir de sua própria experiência, que não podem forçar o filho a fazer alguma coisa. Eles não querem brigar entre si nem com José. Então precisam encontrar uma forma de resolver isso juntos.

João adota uma abordagem diretiva. Ele acredita que José vem fazendo bobagens em sua vida há bastante tempo, e eles precisam fazer com que seu filho resolva as coisas de uma vez por todas. Maria acha que José está passando por dificuldades em seu negócio, e que devem dar dinheiro a ele para que os netos não sofram, mas está disposta a concordar com o que João decidir. Eles então decidem que darão o dinheiro que José precisa para colocar em dia seu financiamento e vão deixar muito claro que será a última vez.

João marca um almoço com José, ouve tudo o que o filho tem para explicar sobre a situação, e então diz a José calmamente o que ele e Maria estão dispostos a fazer para ajudar. José fica na defensiva mas agradece, aceita a oferta e promete ser mais cuidadoso com seu dinheiro.

José então volta para casa e vai conversar com sua esposa, Marta. Ele conta que está aliviado por conseguir ajuda, mas se ressente porque seus pais o trataram como uma criança. Ele não sabe o que fazer para mudar o que vem fazendo – e seus problemas financeiros acabam voltando. João e Maria se sentem um pouco abusados pelo filho e ficam decepcionados com ele. Os quatro acabam se distanciando ainda mais, passam menos tempo juntos e sua relação se torna mais distante e mais fria. Eles não conseguiram fazer qualquer progresso em seus problemas. Na verdade, agora se sentem ainda mais frustrados e irritados.

A GESTÃO DA MUDANÇA TOMA O CONTROLE

Trabalhei para grandes organizações em todos os meus primeiros empregos e em diversos dos meus projetos de consultoria. Foram grandes corporações, governos, órgãos públicos ou institutos de pesquisa. Portanto, eu entendo como tais organizações normalmente fazem as coisas. Aqui vai uma história para ilustrar o processo de mudança organizacional.

Susan Jones é a CEO de um grande hospital que está passando por mudanças desorientadoras em seu ambiente social, econômico e tecnológico. Seus resultados clínicos e financeiros têm sido consistentemente decepcionantes. Ela conseguiu que seu conselho de diretores aprovasse um projeto abrangente para transformar as operações do hospital. Susan sabe que tal transformação vai requerer que muitos profissionais, como médicos, enfermeiros, pesquisadores, técnicos e administradores, mudem a forma como trabalham.

Portanto, ela não poderá impor tais mudanças unilateralmente. Então, decide que esse projeto será desenvolvido de forma colaborativa.

Susan cria uma equipe de transformação que inclui os 25 principais gestores do hospital das mais variadas áreas. Ela organiza um seminário fora do hospital para construir um espírito de equipe e chegar a um acordo sobre um plano para a transformação. Ela contrata consultores especialistas para diagnosticar os problemas do hospital, prescreverem soluções e apresentarem seu relatório durante o seminário. Susan direciona as discussões do evento buscando o melhor para os pacientes e para o hospital como um todo, insistindo para que seus gestores deixem de lado os interesses de seus próprios departamentos.

Ao final do seminário, a equipe consegue chegar a um consenso sobre um plano para implementação da solução recomendada pelos consultores. Ele especifica o que cada departamento precisa fazer para que a transformação aconteça e os incentivos e sanções que garantirão sua implementação conforme o calendário proposto e dentro do orçamento. Susan e sua equipe ficam muito felizes de terem conseguido concluir esse desafio tão importante e tão complicado.

Na sequência, a gestora envia um *e-mail* para todos os funcionários do hospital anunciando o início do projeto de transformação. Entretanto, a maioria deles recebe a mensagem com cinismo e fica na defensiva. As pessoas têm dúvidas de que o plano vai funcionar, ficam preocupadas com o possível comprometimento dos padrões de qualidade no dia a dia e temem perder a segurança e a satisfação em seus empregos. Susan, os gestores, os consultores e as pessoas nos outros departamentos são culpados por tudo o que está acontecendo. Funcionários dos conselhos regionais de saúde e muitos pacientes também manifestam sua preocupação nos jornais e nas mídias sociais.

Quando os gestores iniciam a implementação de seus planos, começam a enfrentar complicações que não haviam sido previstas: atrasos, resistência e descumprimento de regras. Eles então colocam mais pressão nas equipes, mas os esforços emperram cada vez mais. Os resultados clínicos e financeiros pioram ainda mais. Finalmente, o conselho de diretores declara que o projeto de transformação fracassou e o cancelam totalmente. Recriminações são feitas por todos os lados.

Ao implementar essa transformação colaborativa, a CEO Susan Jones cometeu três erros típicos.

Em primeiro lugar, ela focou todas as conversas sobre o projeto no bem e nos interesses do hospital como um todo. Ao fazer isso, ela ignorou o fato fundamental de que diferentes departamentos e pessoas tinham visões radicalmente opostas acerca do que estava acontecendo e do que deveria ser feito, e de que a transformação produziria vencedores e perdedores. Susan também negligenciou o inconveniente fato de que, nas conversas sobre "o bem do todo", os únicos interesses pessoais que coincidiam com os interesses do todo eram os seus próprios (remuneração e carreira). Todas as outras pessoas dependiam do que iria acontecer aos seus departamentos e aos seus empregos. Não havia apenas um todo a ser otimizado: havia muitos todos a serem administrados, e qualquer outra consideração seria simplista e manipuladora.

O segundo erro de Susan foi que, ao tentar promover o avanço da transformação, ela e seus consultores pressionaram para articular uma visão única do problema, da solução e do plano. Contudo, a situação do hospital era complexa demais: diversas pessoas tinham suas próprias perspectivas e propostas, e isso impedia que eles chegassem a um acordo que fosse sólido e sincero. Além de não conseguirem chegar a um acordo sobre o que funcionaria, eles não teriam como saber o que funcionaria antes de experimentar as possibilidades: muitas pessoas tinham opiniões sobre diversos assuntos, entretanto, ninguém sabia ao certo o que iria acontecer. O verdadeiro desafio da transformação não era escolher entre as opções prefixadas, mas cocriar novas opções à medida que o trabalho avançasse.

O terceiro erro foi a forma com que Susan Jones, seus gestores e consultores viram o que era necessário para realizar a transformação. Eles acharam que gestão da mudança era sinônimo de fazer com que outras pessoas (subordinados, fornecedores e pacientes) mudassem seus valores, opiniões e comportamentos. Essa premissa fundamentalmente hierárquica, de que pessoas em posições mais altas podem mudar pessoas em posições mais baixas, coloca todos na defensiva. Não é que as pessoas não gostam da mudança: elas não gostam de ser mudadas. Todos precisariam estar abertos ao aprendizado e à mudança para ocorrer a transformação.

"Só há uma resposta certa"

Toda a minha formação foi para ser um especialista em resolução de problemas. Em 1979, eu comecei minha graduação em física na Universidade McGill, em minha cidade natal (Montreal), com um imenso orgulho de estar em uma área tão intelectual. Eu gostava de passar as noites resolvendo problemas matemáticos, e minhas notas eram perfeitas nas provas, porque eu já tinha repassado todos os exercícios em meus livros.

No verão de 1981, eu participei de um congresso mundial de cientistas dedicados a desafios de grande porte, como guerras nucleares. Escrevi um artigo com base em uma conclusão óbvia, mas ingênua, defendendo aviões (em vez de satélites) para monitorar a conformidade com os tratados armistícios. Um de meus orientadores utilizou uma frase para criticar meu artigo que eu nunca havia ouvido antes: "Não deixe que o ótimo seja inimigo do bom". Eu me surpreendi muito com essa noção de que não havia apenas uma resposta correta.

Durante esse congresso, eu assisti a uma apresentação sobre problemas ambientais de produção de energia e fiquei com vontade de me dedicar a essa área tão relevante. Então, em 1982, comecei uma pós-graduação em energia e economia ambiental na Universidade da Califórnia em Berkeley que ensinava aos alunos avaliações racionais de complexas questões políticas. Minha dissertação de mestrado demonstrou que o programa do governo brasileiro para substituir a gasolina por álcool de cana-de-açúcar era economicamente inviável. Posteriormente, tive diversos cargos de pesquisador nos Estados Unidos, França, Áustria e Japão. Em todos esses lugares eu recebia o mesmo tipo de tarefa: pensar na melhor resposta para algum problema complexo.

Depois de terminar meu curso em Berkeley, em 1986, fui contratado como coordenador de planejamento corporativo na Pacific Gas & Electric Company, em São Francisco (EUA). Meu trabalho consistia basicamente em criar respostas rápidas e sucintas para questões de negócios que eram feitas pelos executivos da empresa. Em uma ocasião, eu participei de um retiro de planejamento estratégico do comitê executivo da empresa e fiquei chocado ao vê-los tomarem decisões com base não apenas nas análises que meus colegas e eu preparávamos, mas também com base em costumes, política e jogos de interesses.

Posteriormente, em 1988, aos 27 anos, consegui um emprego no departamento de planejamento global da Royal Dutch Shell. Nessa época, o retorno que eu recebia mais comumente era de que eu era inteligente, mas arrogante – o que eu considerava uma troca aceitável. As pessoas que trabalhavam na Shell tinham essa fama, de um modo geral, então, quando cheguei lá, achei que estava no lugar certo.

O departamento de planejamento da Shell era cheio de pessoas brilhantes que haviam sido recrutadas em todas as áreas de empresa e em *think tanks* externos. Nossa tarefa era desafiar os executivos da Shell a prestarem atenção às mudanças no mundo que poderiam representar novos riscos ou oportunidades de negócios. Nós fazíamos isso construindo cenários de futuros possíveis por meio de leituras e conversas com pessoas do mundo todo. Na sequência, conversávamos entre nós por meses e meses até entender o que observávamos e o que aquilo poderia significar. A janela do meu escritório dava para o Parlamento Britânico, e eu achava muito sofisticado que nós, assim como os parlamentares, estivéssemos debatendo de forma sólida e fundamentada para encontrar as melhores respostas.

No período em que permaneci na Shell, eu tinha certeza de que sabia como resolver problemas de alta complexidade. O modelo que eu havia internalizado em minha formação tinha basicamente três etapas. Primeiro, algumas pessoas muito inteligentes pensam sobre o problema e a solução, então criam um plano para implementá-la. Segundo, essas pessoas acionam quem tem autoridade para aprovar tal plano. Terceiro, essas autoridades instruem seus subordinados para executarem o plano. Tudo isso me parecia muito óbvio e razoável. Um dia, meu chefe na Shell, Kees van der Heijden, me explicou que esse modelo é a base para todo planejamento estratégico convencional. Ele está dentro da

> escola racionalista, que codifica pensamento e ação separadamente. A premissa subjacente a esse modelo é de que há uma solução melhor que as outras. A função do estrategista é de chegar o mais próximo possível disso com os limitados recursos disponíveis. Após escolher a melhor forma de seguir em frente, a questão da implementação da estratégia é abordada separadamente.[2]

As limitações da colaboração convencional

Após minha experiência em Mont Fleur, eu saí da Shell para ir trabalhar em esforços colaborativos que tratavam de desafios públicos complexos. Quase todas as pessoas com quem trabalhei – em governos, empresas e organizações sem fins lucrativos ao redor do mundo – estavam implicitamente utilizando alguma variação do modelo convencional, racionalista, linear e hierárquico de três etapas que eu havia aprendido.

Tentei fazer esse modelo funcionar em meus trabalhos colaborativos – mas não deu certo.

Eu notei que as pessoas que se reuniam para trabalhar em um desafio de alta complexidade quase nunca seguiam esses três passos, mesmo que achassem que era o que deveria ser feito. Elas geralmente produziam saídas úteis, como novas relações, descobertas, compromissos, iniciativas e capacidades, mas raramente faziam isso seguindo um plano acordado. Algumas vezes, elas produziam um tipo de resultado, outras vezes, outro tipo. Às vezes, acabavam realizando algo próximo do que haviam planejado inicialmente, outras vezes, faziam mudanças radicais. Algumas vezes, eram capazes de trabalhar conjuntamente apenas por um curto período de tempo e, outras vezes, mantinham a parceria por anos. Às vezes, avançavam alinhados, outras vezes, na mais profunda contestação. Em outras palavras, essas pessoas descobriam o que fazer conforme o projeto acontecia.

Por um longo tempo, eu achei que a imprevisibilidade dessas colaborações poderia ser contornada se os participantes seguissem mais explicitamente ou com mais disciplina as três etapas. Isso seria possível aumentando o planejamento e o controle. Afinal, acabei por perceber que o modelo que eu sempre achei que era o normal simplesmente não servia para situações conflituosas e complexas.

Posteriormente, vim a entender que, ao transpor a forma com que eu resolvia os problemas de física para o meu trabalho com políticas e estratégias, eu estava cometendo um erro muito comum. Em 1973, Horst Rittel e Melvin Webber escreveram que:

> a pesquisa por bases científicas para confrontar problemas com políticas sociais está destinada ao fracasso devido à natureza de tais problemas. São problemas "rebeldes", e a ciência foi desenvolvida para lidar com problemas "mansos". Os problemas políticos não podem ser descritos de forma definitiva. Além do mais, em uma sociedade plural, não há nada que se possa chamar de bem comum absoluto; não há uma definição objetiva de equidade; as políticas que respondem aos problemas sociais não podem estar substancialmente corretas ou falsas; não faz sentido falar de "soluções perfeitas" para os problemas sociais. E o mais grave de tudo isso é que não há "soluções" no sentido de respostas definitivas e objetivas.[3]

Quando comecei a questionar o modelo de resolução de problemas que eu vinha utilizando, entendi o tanto que ele era inadequado para as colaborações que eu estava tentando facilitar.

COLABORAÇÃO ESTRITA E CONVENCIONAL 55

A dificuldade começa com a premissa de que há uma resposta certa. Ter a convicção de saber a resposta certa não deixa muito espaço para as respostas das outras pessoas. Consequentemente, torna-se mais difícil trabalhar conjuntamente. Eu vi um exemplo muito claro disso em 2010 em minha primeira visita à Tailândia. Meus anfitriões haviam organizado reuniões consecutivas durante três dias com trinta dos principais líderes de toda a sociedade tailandesa. Alguns meses antes, as forças pró e antigoverno haviam se enfrentado violentamente em Bangkok. Nessas reuniões, ouvimos versões diametralmente opostas do que havia acontecido e quem eram os culpados. Eu estava achando todos esses discursos desencontrados extremamente confusos. Olhando para trás, consigo entender que havia algo em comum em todos os relatos que ouvimos. De uma forma ou de outra, cada uma das pessoas afirmou que "a verdade aqui é que...".

Esse é o início típico dos esforços de colaboração em situações conflituosas e complexas. A maior parte das pessoas mais envolvidas geralmente está convencida de que sabe a verdade sobre a situação. Eles estão certos; os outros, errados. Eles são inocentes; os outros, culpados. Se os outros ouvissem e concordassem com o que eles estão dizendo, então a situação seria resolvida. Nos sistemas hierárquicos, como na Pacific Gas & Electric e na Tailândia, tal nível de certeza pode ser muito perigoso. A crença de que "eu estou certo e você está errado" pode facilmente despencar para "eu mereço ser superior e você inferior". Não é a fórmula para a colaboração generativa – é a receita para a imposição degenerativa.

Nós nos apegamos a estar certos para proteger nossa própria noção de quem somos. Em 2009, quando participava das negociações internacionais sobre mudanças climáticas em Copenhague, conversei rapidamente com a pesquisadora berlinense Anja Koehne. Ela criticava o posicionamento alemão em relação aos outros países nas negociações e utilizou uma frase que entrou fundo na minha carne: "sentir-se superior como condição de existência". Tal frase me mostrou que eu estava apegado a argumentos vencedores e a estar certo; em parte porque eu entendia minha superioridade como parte integral da minha identidade. Eu tinha medo de que, se estivesse errado, eu poderia perder uma parte fundamental de quem eu sou. Eu não seria apenas uma falha isolada, eu seria um fracasso. Só consegui abrir mão de ter a resposta correta quando abri mão de minha identificação com o sucesso.

O típico ponto de partida para a colaboração em situações complexas e contenciosas, portanto, é que os participantes não concordem sobre qual é a solução – ou até mesmo sobre o problema em si. Cada um tem sua própria verdade sobre o que está acontecendo, sobre os porquês e o que cada um precisa fazer. Uma forma de abordar essa situação é imaginando os participantes como os cegos diante do elefante. Nessa fábula, o cego que tateia a pata do animal diz que o elefante é como uma coluna. O cego que tateia a cauda do elefante diz que o animal é como uma corda. Aquele que tateia o corpo do animal diz que ele é como uma parede. E assim por diante. Essa metáfora sugere que cada um dos participantes em uma colaboração tem uma perspectiva diversa sobre a situação da qual todos fazem parte e com a qual se importam.

Se cada um deles apresentar sua perspectiva, então, juntos, eles poderão construir uma imagem mais completa.

Porém, a construção de um modelo único acordado de toda a situação frequentemente é impossível. O futurista Don Michael explica que

> na atualidade, os mais avançados entre nós conhecem muito pouco além de uma pequena parte do elefante, e agora há tantas partes diferentes, elas mudam tão rapidamente e estão tão intimamente interconectadas que, mesmo que tivéssemos a tecnologia para juntar todas elas, ainda assim não conseguiríamos entender o todo.[4]

Portanto, precisamos fazer algo mais que apenas agrupar as diferentes verdades para formar uma verdade única e maior.

O filósofo político Isaiah Berlin leva essa discussão adiante. Ele afirma que tentar concordar em um único conjunto de entendimentos e valores para que sejam implementados é não só impossível quanto perigoso:

Se você está realmente convencido de que há alguma solução para todos os problemas humanos, que alguém seja capaz de conceber a sociedade ideal à qual as pessoas apenas podem ter acesso se fizerem o que for necessário para isso, então você e seus seguidores provavelmente acreditam que nenhum preço seja alto demais para abrir os portões desse paraíso.

A convicção subjacente é de que as questões centrais à vida humana, individual ou em sociedade, têm uma resposta verdadeira a ser descoberta. Essa ideia é falsa. Não apenas porque as soluções dadas pelas diversas escolas de pensamento social diferem, e nenhuma delas pode ser demonstrada por meio dos métodos racionais. É devido a uma razão muito mais profunda. Os valores principais que regem as vidas da maioria das pessoas, na maior parte dos lugares e na maior parte das vezes, quando não são universais, nem sempre são harmoniosos entre si.

É necessário comparar, negociar, comprometer-se e impedir o massacre de uma forma de vida por parte de seus rivais. Eu sei muito bem que essa bandeira pode não entusiasmar os jovens mais idealistas, parece morna demais, razoável demais, burguesa demais, não aciona nossas emoções mais generosas. A negação disso, a busca por um ideal único e comum a todos porque é a única opção verdadeira para toda a humanidade invariavelmente leva à coerção. Depois disso, ao sangue e à destruição.[5]

A colaboração com outros diversos, portanto, não pode (e não deve) requerer a aceitação de uma verdade, resposta ou solução única. Em vez disso, ela deve envolver uma forma de avançar conjuntamente na ausência (ou indo além) de tais acordos. Isso é verdade não apenas no trabalho, mas também em casa. Uma pesquisa feita pelo terapeuta de casais John Gottman e analisada por Michael Fulwiler sugere que

> 69% dos conflitos dos relacionamentos estão relacionados aos problemas perpétuos. Todos os casais têm esses problemas, fundamentados nas diferenças básicas que quaisquer

duas pessoas têm entre si. Elas podem ser 1) diferenças fundamentais entre as personalidades que continuamente geram conflito ou 2) diferenças fundamentais nas necessidades dos estilos de vida. Em nossa pesquisa, concluímos que, em vez de resolver seus problemas perpétuos, o que parece ser mais importante é se o casal é capaz de estabelecer um diálogo sobre tais diferenças. Quando não é possível estabelecer tal diálogo, o conflito chega a um impasse – e os impasses nos conflitos geralmente levam ao afastamento emocional.[6]

Assim sendo, a abordagem convencional de colaboração que eu aprendi na primeira parte de minha carreira profissional tem uma serventia muito limitada. Ela funciona apenas para situações simples, controladas, nas quais todos concordam ou vão no mesmo fluxo, e quando as ações produzem os resultados aos quais se propunham. Na maior parte dos sistemas sociais (famílias, organizações, comunidades e nações), a complexidade é cada vez maior, e o controle é cada vez menor. Portanto, tais situações são cada vez menos comuns.

Consequentemente, a colaboração convencional está se tornando obsoleta.

É certo que teremos problemas ao presumir incorretamente que a situação com a qual estamos lidando é simples e controlável e que, por conta disso, a colaboração convencional é aplicável. Nessas circunstâncias, utilizamos a colaboração convencional porque ela nos é familiar, confortável e porque sabemos que ela funciona. Mas ela não funciona: ela apenas serve para aumentar a inimização e tornar a situação ainda mais impraticável. Institivamente, iremos nos tornar mais tensos e nos apegar ainda mais à colaboração convencional. O problema não é aquilo que você não sabe, mas aquilo que você sabe que está muito errado.

A colaboração convencional funciona apenas nas situações simples, controladas. Em outras situações, precisamos estender.

COLABORAÇÃO ESTRITA E CONVENCIONAL 59

fora de controle

4

A colaboração não convencional e estendida está se tornando essencial

Não se pode descobrir novas terras sem aceitar perder de vista a costa por um longo tempo.

André Gide[1]

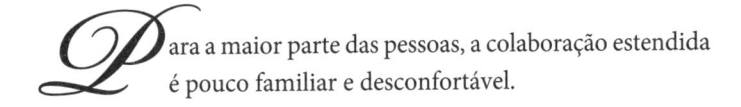

Para a maior parte das pessoas, a colaboração estendida é pouco familiar e desconfortável.

A EXTENSÃO PRODUZ FLEXIBILIDADE E DESCONFORTO

João e Maria estão tendo que lidar com seu filho, José, que está novamente com as prestações de seu financiamento habitacional em atraso. Desta vez, eles estão tentando utilizar a colaboração estendida em vez da colaboração convencional.

Os três se sentem conectados pelo amor familiar, mas também admitem que entram nessa situação com diferentes experiências, perspectivas e necessidades. Então, eles conversam abertamente e veementemente sobre tais diferenças. João diz que se sente muito incomodado e não sabe como agir frente aos problemas do filho.

Maria diz que está preocupada com o futuro de seus netos e teme que os planos de João para uma aposentadoria confortável sejam colocados em risco. José diz que está dedicando toda sua energia a seu pequeno negócio, que está tendo dificuldades em crescer e que gostaria que sua família o apoiasse, em vez de apenas fazer críticas. A briga é complicada, mas também consoladora: eles ainda não concordam numa solução comum, mas todos se sentem mais bem compreendidos.

Todos entendem que ainda não conseguiram chegar ao problema real e sua solução – talvez nunca cheguem a um acordo, talvez nunca consigam entender. Porém, estão dispostos a tentar algumas novas maneiras de tratar o tema, ainda que modestas. Finalmente, começam a agir: João entra como fiador de um empréstimo bancário para a empresa do filho, José. Maria ajuda Marta, a esposa de José, a procurar um emprego. Os dois casais conversam sobre a situação. João e José começam a passar os sábados com as crianças. Seus desafios não se tornaram repentinamente mais fáceis, mas sua maior abertura os permitiu enxergar e experimentar novas possibilidades. Consequentemente, as finanças de José e Marta começam a melhorar.

Os quatro também abrem mão de tentar mudar o que os outros estão fazendo – o que nunca havia funcionado. Em vez disso, eles pensam o que cada um deles poderia mudar em si mesmos. João se esforça para criar uma melhor conexão com o filho José em assuntos que vão além das finanças, e Maria começa a se posicionar mais duramente frente ao marido João. José se aconselha com um consultor para pequenos negócios, e Marta começa a cuidar do orçamento da casa.

Tais mudanças ajudam a diminuir o ódio e a frustração que eles sentem um em relação ao outro e à situação. As pressões financeiras e emocionais que pesavam sobre eles não desapareceram e podem continuar a ser desesperadoras no futuro. Entretanto, agora eles conseguem lidar melhor e mais conscientemente com tais pressões como uma família.

Todos eles acham difícil mudar da colaboração convencional para a colaboração estendida. A extensão gera desconforto: abrir-se para um conflito maior e para uma conexão genuína, experimentar ações desconhecidas que podem não funcionar e aceitar seus próprios papéis e responsabilidades na situação. Contudo, eles estão esperançosos de que essa nova abordagem vai funcionar melhor.

Como encerrar uma guerra civil

Quando não é possível tratar dos nossos desafios por meio de força, adaptação ou retirada, é necessário utilizar a colaboração. Se nosso desafio for conflituoso e de alta complexidade, a abordagem convencional para a colaboração não vai funcionar, e precisaremos utilizar uma solução não convencional.

Minha experiência na África do Sul, em 1991, me permitiu vislumbrar tal abordagem não convencional. Porém, foi apenas mais tarde, na Colômbia, que eu consegui entender claramente como essa nova abordagem funcionava, e por que ela era diferente da opção convencional na qual eu havia sido treinado.

A Colômbia era um dos países mais violentos do mundo desde a década de 1960 com conflitos armados entre as forças militares, policiais, dois exércitos guerrilheiros, milícias paramilitares de direita, narcotraficantes e facções criminosas. Esse conflito matou centenas de milhares de civis e fez com que milhões de pessoas tivessem que fugir de suas casas.

Em 1996, um jovem político chamado Juan Manuel Santos visitou a África do Sul e se encontrou com Nelson Mandela, que contou a ele sobre o projeto Mont Fleur. Santos achou que aquele tipo de colaboração poderia ajudar os colombianos a encontrarem uma saída para seu conflito. Então, ele organizou uma reunião em Bogotá para discutir essa possibilidade e me convidou para participar.

O encontro reuniu generais, políticos, professores e presidentes de empresas. Diversos líderes das Forças Revolucionárias Armadas da Colômbia (FARC) participaram por rádio a partir de seu esconderijo nas montanhas. Os participantes estavam animados e nervosos de se encontrarem em meio a um grupo tão heterogêneo.

Um vereador do Partido Comunista, ao ver o chefe de um grupo paramilitar dentro da sala, perguntou a Santos: "você realmente espera que eu me sente com esse homem que já tentou me matar cinco vezes?". Santos respondeu: "É exatamente para que ele não tente fazer isso uma sexta vez que eu estou convidando vocês a se sentarem".[2]

A partir dessa reunião, foi iniciado o projeto colaborativo chamado Destino Colômbia.[3] O comitê organizador convocou uma equipe de 42 pessoas, representando uma miniatura do conflito: oficiais do exército, guerrilheiros e paramilitares; ativistas e políticos; empresários e sindicalistas; donos de terras e camponeses; acadêmicos, jornalistas e jovens.

Essa equipe se reuniu três vezes ao longo de quatro meses, totalizando dez dias de encontros em uma pousada rústica na região de Medellín. Os dois grupos guerrilheiros ilegais armados, as FARC e o Exército de Libertação Nacional (ELN), participaram. Embora o governo tivesse oferecido a eles salvo-conduto para os *workshops*, os guerrilheiros acreditavam que seria arriscado demais. Então, eles participaram das reuniões por telefone. Três homens ligaram da ala de presos políticos de um presídio de segurança máxima, e um ligou do exílio na Costa Rica.

A maioria dos participantes da equipe estava conversando com os guerrilheiros pela primeira vez e tinha medo das retaliações que pudessem sofrer pelo que dissessem. Nossa comunicação acontecia por meio de dois aparelhos de viva-voz na sala de reuniões. Quando as pessoas passavam pelos aparelhos, desviavam deles com medo de se aproximar. Quando mencionei esse medo, um dos guerrilheiros observou que o nosso microcosmo estava refletindo o macrocosmo. Ele disse: "senhor Kahane, por que você está surpreso com o medo das pessoas que estão nesta sala? O país inteiro tem medo". Então, ele garantiu que os guerrilheiros não iriam assassinar ninguém por causa do que dissessem nas reuniões.

Jaime Caicedo era o Secretário Geral do Partido Comunista Colombiano, de extrema esquerda, enquanto Iván Duque era um dos comandantes do grupo paramilitar Autodefesas Unidas da Colômbia (AUC), de extrema direita. Uma noite, Caicedo e Duque ficaram até mais tarde conversando, bebendo e tocando violão com Juan Salcedo, um general do exército aposentado. Na manhã seguinte, Caicedo não estava na sala de reuniões no horário de começarmos, e eu perguntei ao grupo onde ele estava. Eles fizeram piadas sobre o que poderia ter acontecido a ele. Uma pessoa disse: "o general o fez cantar". Então Duque disse, em tom ameaçador: "Eu o vi por último". Naquele momento, temi que Caicedo tivesse sido assassinado e fiquei muito aliviado quando ele entrou na sala, alguns minutos mais tarde.

(Anos depois, eu fiquei sabendo de uma história surpreendente. Uma noite, Duque havia ido até o meio de uma mata para encontrar seu chefe, Carlos Castaño, o famoso chefão da AUC. Castaño disse a Duque com muita empolgação que os combatentes da AUC haviam descoberto a localização de seu arqui-inimigo Caicedo, e que ele seria assassinado por homens que já estavam a caminho. Duque então pediu que eles não matassem Caicedo, e contou sobre a noite que tinham estado juntos no *workshop* sobre cenários: "Você não pode matar Caicedo! Nós estávamos juntos na equipe do Destino Colômbia!" Depois de muita discussão, Castaño cancelou o assassinato. Eu interpretei essa história como um exemplo do potencial transformador de tais colaborações. Para ter contestado Castaño nessa questão de vida ou morte, Duque provavelmente tinha transformado a percepção de sua relação com Caicedo, do que ele próprio deveria defender e das ações que deveria fazer.)

À medida que os trabalhos avançaram, os membros da equipe tiveram menos medo e se dispuseram a falar com mais franqueza. O empresário César De Hart disse que havia tido contato direto com os guerrilheiros, que não confiava neles e acreditava que a melhor aposta para a paz do país estava na intensificação da campanha militar contra eles. Ele precisou de muita coragem para dizer isso, pois estava afrontando não apenas os guerrilheiros diretamente, mas também todo o resto da equipe e sua crença esperançosa em uma solução pacífica. Ele esperava ser direto e confrontador, mas as relações dentro da equipe já eram fortes o suficiente para ouvir suas afirmações sem se fragmentar. Além disso, quando De Hart disse exatamente o que achava e sentia, aquela névoa de confusão conceitual e emocional que dificultava a visão de todos dentro da sala se dissipou. Todos nós conseguimos ver mais claramente essa falta de confiança e a possibilidade de intensificação do conflito que isso representava.

Ao final do terceiro seminário, a equipe tinha chegado a um consenso sobre quatro cenários. O primeiro deles era "Quando amanhecer, veremos" (*Amanecerá y veremos*), uma descrição do caos que surgiria se os colombianos apenas deixassem as coisas como estavam e não lidassem com seus desafios mais complexos. Em relação às opções tailandesas, esse cenário representava a adaptação. O segundo deles era "Mais vale um pássaro na mão que dois voando" (*Más vale pájaro en mano que cien volando*), a história de um compromisso negociado entre o governo e os guerrilheiros (colaboração convencional). A terceira via era "Todos, marchem!" (*¡Todos, marchem!*), a narrativa delineada na sugestão de De Hart, na qual o governo destruiria os guerrilheiros paramilitares e pacificaria o país (força). O quarto deles era "A união faz a força" (*La unión hace la fuerza*), uma narrativa sobre a transformação começando pela base da mentalidade do país. Ela descrevia o respeito mútuo e a cooperação (colaboração estendida). A equipe não conseguiu chegar a um acordo sobre qual solução para o conflito seria mais provável ou melhor, o que os fez apresentar todas elas para seus pares em artigos de jornal, programas de televisão e em conversas durante pequenas e grandes reuniões em todo o país, simplesmente como alternativas possíveis.

Após o Destino Colômbia, meus colegas colombianos organizaram diversos processos multilaterais de acompanhamento dos cenários, que eu facilitei. Em um deles, um grupo estava tentando resolver uma questão muito difícil quando um político pediu que eles concordassem em um determinado princípio. Como entendi que tal acordo não seria possível naquele momento, pedi que o grupo continuasse o trabalho sem um acordo, o que eles fizeram. Para minha surpresa, ao final daquele primeiro dia de encontro, eles haviam concordado em trabalhar juntos em diversas outras iniciativas, não obstante terem discordado inicialmente.

No dia seguinte, eu contei esse intrigante incidente a Antanas Mockus, ex-prefeito de Bogotá. Então, ele disse que "frequentemente não precisamos chegar a um consenso ou discutir princípios. Os compromissos mais sólidos são aqueles que diferentes agentes apoiam por razões diversas". Agora eu entendo que mesmo as pessoas que possuem diferenças gigantescas que as separam podem realizar conjuntamente coisas importantes. Portanto, a linha de corte para avançar nos desafios de alta complexidade não precisa ser tão elevada quanto as pessoas acham, porque não é necessário chegar a um acordo sobre a solução, nem tampouco sobre a definição do problema.

Nas décadas seguintes, fiquei lisonjeado de ver que os cenários (e os extraordinários processos que os produziram) continuaram sendo marcos históricos nas conversas entre colombianos para definir o que deveriam e o que poderiam fazer. Em diferentes momentos ao longo de todos esses anos, cada um dos quatro cenários parecia descrever o que estava acontecendo no país. Portanto, tais narrativas continuaram a ajudar os colombianos a entenderem sua situação. Em 2010, Santos foi eleito presidente do país e seu governo foi caracterizado pela implementação do programa "A união faz a força".

Em 2016, Santos finalmente teve sucesso nas negociações de um tratado de paz com as FARC e começou a negociar com o ELN – e isso lhe rendeu o Prêmio Nobel da Paz. No dia da premiação, seu *site* postou uma nota que caracterizou a primeira reunião que ele havia organizado comigo, vinte anos antes, como "um dos mais importantes eventos na busca pela paz no país".[4]

Eu sabia que, naquele meio-tempo, havia acontecido uma multiplicidade de esforços de grande porte para resolver o conflito. Portanto, fiquei muito surpreso com a importância que Santos dedicou ao Destino Colômbia. Eu conversei sobre esse assunto com Alberto Fergusson, psiquiatra e amigo de Santos. Em sua opinião, a lição primordial que Santos tirou do Destino Colômbia (que tinha motivado sua atuação política desde então) era de que *sim*, era possível que pessoas com opiniões contraditórias encontrassem formas de trabalhar conjuntamente, e que isso ia contra o que ele havia aprendido até então.

O projeto Destino Colômbia havia ajudado os colombianos a trabalharem juntos, contribuindo para acabar com uma guerra civil que já durava 52 anos. Esse projeto exemplifica de três formas a abordagem estendida de colaboração.

Em primeiro lugar, a equipe do Destino Colômbia não estava apenas tentando resolver um único problema ou contribuir para um único bem comum maior, embora sua retórica fosse de que estavam colaborando para o bem da Colômbia. Eles estavam no meio de um conflito para o qual não conseguiam encontrar uma solução comum ou sequer concordar sobre o problema. Eles concordaram que a situação que estavam enfrentando era problemática em diferentes áreas e por diferentes razões.

Embora as pessoas tenham gostado de trabalhar juntas e tenham construído um tipo de comprometimento entre si, elas não faziam parte de apenas uma equipe. Todas elas tinham conexões fortes e compromissos firmados com suas próprias organizações e comunidades (os esforços de Duque para salvar Caicedo foram a exceção que confirmou a regra). Tal não unidade foi o que tornou seu trabalho contencioso e ao mesmo tempo extremamente rico e valioso. Portanto, eles colaboraram sem ter um único foco ou objetivo apenas.

Em segundo lugar, a equipe não precisou chegar a um acordo sobre o que deveria ser feito no país. Eles concordaram apenas que havia quatro cenários possíveis e que não queriam o primeiro, de manutenção do *status quo*. Todas as outras coisas que eles (e todas as outras pessoas que utilizaram os cenários) fizeram, aconteceram à medida que os fatos se desenrolaram nos anos seguintes. As pessoas conseguiram colaborar sem ter uma visão única ou sem precisar compartilhar o mesmo mapa do caminho.

Finalmente, em terceiro lugar, embora os membros da equipe tivessem opiniões acirradas sobre o que deveria acontecer, eles não conseguiram forçar outras pessoas a seguirem seu caminho. Novamente, o microcosmo refletiu o macrocosmo. A guerra havia se estendido por tanto tempo porque nenhuma das partes havia conseguido impor sua vontade sobre as outras. Portanto, a equipe colaborou sem ter a capacidade de mudar o que os outros estavam fazendo.

A COLABORAÇÃO ESTENDIDA ABANDONA A ILUSÃO DE CONTROLE

Destino Colômbia mostra claramente por que nosso entendimento convencional da colaboração é estrito. A colaboração estendida requer elasticidade em três dimensões. Em todas elas, a colaboração estendida inclui e expande a colaboração convencional (veja a página 22).

Em resumo, a colaboração convencional parte do pressuposto de que podemos controlar o foco, o objetivo, o plano para atingir tal objetivo e o que cada pessoa deverá fazer para implementar o plano. É como uma equipe seguindo um plano de trabalho. A colaboração estendida, ao contrário, oferece uma forma de avançar sem estar no comando (como se fossem diversas equipes de *rafting* em um só rio).

A primeira dimensão está relacionada a *como nos relacionamos com as pessoas com quem estamos colaborando* – nossa equipe. Na colaboração convencional, mantemos controle e foco estrito na harmonia, no bem e nos objetivos da equipe como um todo. Contudo, em situações de alta complexidade e pouco controle, não

Cinco formas de lidar com situações problemáticas

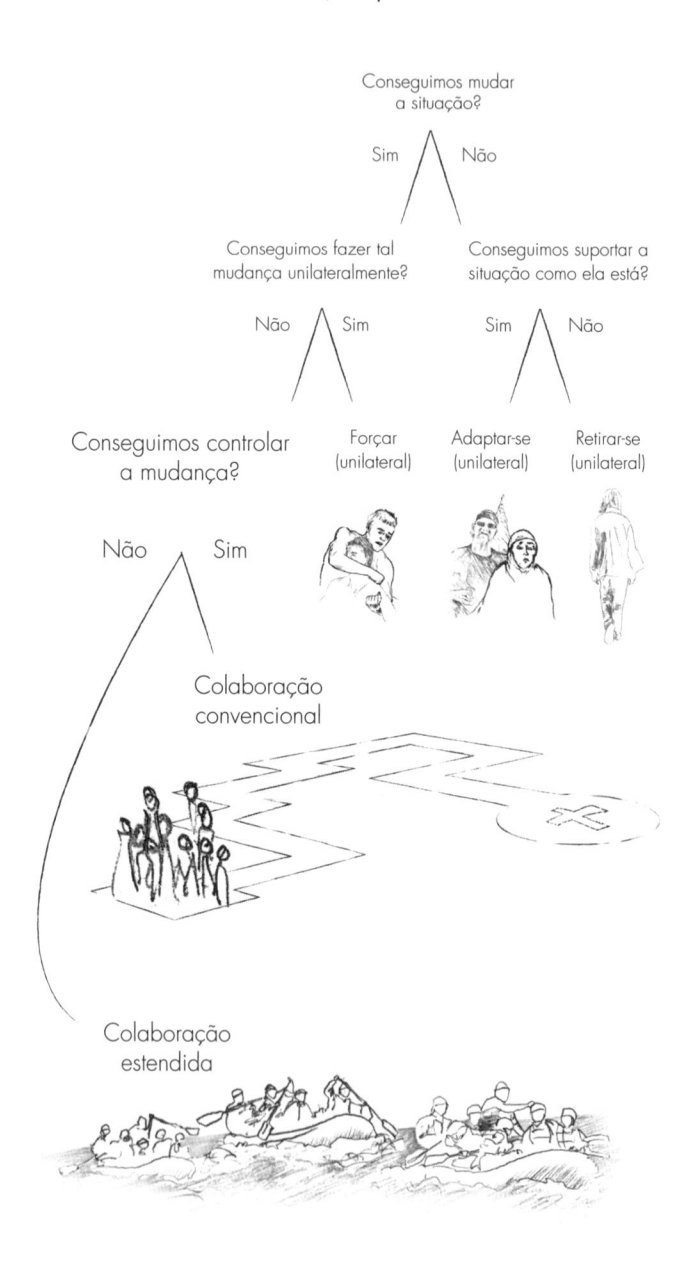

Conseguimos mudar
a situação?

Sim / Não

Conseguimos fazer tal
mudança unilateralmente?

Conseguimos suportar a
situação como ela está?

Não / Sim   Sim / Não

Conseguimos controlar
a mudança?

Forçar
(unilateral)

Adaptar-se
(unilateral)

Retirar-se
(unilateral)

Não / Sim

Colaboração
convencional

Colaboração
estendida

é possível manter tal foco porque os membros da equipe têm perspectivas, afiliações e interesses consideravelmente diferentes e possuem liberdade de ação. Portanto, é necessário estender para ter abertura, aceitação e para conseguir lidar com o conflito e com as conexões que existam dentro e fora da equipe.

A segunda dimensão é sobre *como avançamos no trabalho da equipe*. Na colaboração convencional, focamos em chegar a acordos claros sobre o problema que estamos tentando resolver, sobre a melhor solução para tal problema, sobre o plano para implementar tal solução e sobre a execução do plano conforme acordado. Entretanto, em situações de alta complexidade e pouco controle, não é possível chegar a acordos definitivos tampouco a uma execução conforme o previsto, porque as pessoas de uma equipe não concordam umas com as outras, não confiam umas nas outras e porque os resultados das ações coletivas são imprevisíveis. Portanto, é necessário estender para experimentar múltiplas perspectivas e possibilidades com o objetivo de descobrir o que vai funcionar e nos levar adiante dando um passo de cada vez.

Para concluir, a terceira dimensão está relacionada à forma *como participamos (os papéis que representamos) na situação que estamos tentando abordar*. Na colaboração convencional, focamos em como conseguir que as pessoas mudem o que estão fazendo para que possamos executar nosso plano com sucesso. Implicitamente, isso significa fazer com que as *outras* pessoas mudem o que estão fazendo. Entendemos que nós mesmos estamos de fora ou acima da situação. Porém, em situações de alta complexidade e pouco controle, isso é simplesmente impossível. Não é possível conseguir que alguém faça alguma coisa. Portanto, é necessário estender para que seja possível entrar na situação de corpo inteiro e estar aberto a mudar o que nós mesmos estamos fazendo.

Para que seja possível colaborar com sucesso em situações de alta complexidade, é necessário estender em todas as três dimensões. E a extensão causa estranhamento e desconforto. Nos três capítulos seguintes, veremos como usar a extensão nessas três situações.

5

A primeira extensão é aceitar o conflito e a conexão

Embora pareça apenas um, olhando de longe,
Olhando de perto, aqui de onde vivemos, são dois.

Leonard Cohen[1]

Na colaboração convencional, focamos em trabalhar harmoniosamente com nossos colegas de equipe para realizar o que for melhor para a equipe como um todo. Conversamos em vez de brigar. Essa abordagem funciona em situações de baixa complexidade e sob controle: quando todas nossas perspectivas e interesses são (ou podem ser tornados) congruentes. Porém, quando estamos em situações complexas e sem controle, nas quais as perspectivas e interesses estão em discordância, é necessário se aprofundar e trabalhar com nossos conflitos e nossas conexões. É necessário lutar, assim como é necessário dialogar.

O diálogo não basta

A experiência mais profunda que eu tive com colaboração também foi a que mais me trouxe questões perturbadoras. Entre 1998 e 2000, eu promovi um projeto na Guatemala para ajudar a implementar os acordos de paz que puseram fim à guerra civil genocida que perdurou no país por 36 anos. O projeto reuniu líderes das mais diversas facções que tinham sido engolidas por tal conflito brutal: ministros de estado, ex-oficiais do exército e da guerrilha, empresários, povos indígenas, jornalistas e jovens. Os entendimentos, as relações e os compromissos que o projeto produziu levaram a muitas iniciativas importantes para reparar o tecido social guatemalteco, que estava devastado. O representante das Nações Unidas Lars Franklin afirmou que esse projeto semeou e deu força para diversas iniciativas, incluindo quatro campanhas presidenciais, contribuições para a Comissão para o Esclarecimento Histórico, Comissão de Pacto Fiscal e Comissão de Monitoramento dos Acordos de Paz, para os trabalhos de desenvolvimento das estratégias municipais, estratégia nacional de combate à pobreza, novos cursos universitários e mais seis diálogos nacionais que derivaram do projeto.[2]

Um evento crucial no trabalho dessa equipe ocorreu na última manhã do primeiro *workshop*. Os participantes estavam sentados em círculo compartilhando suas experiências pessoais com a guerra. Um funcionário da Igreja Católica, da área de direitos humanos, chamado Ronald Ochaeta, começou a contar sobre o dia que foi a um vilarejo indígena para testemunhar a exumação de uma vala comum onde estavam sepultados os cadáveres de um dos inúmeros massacres que ocorreram durante a guerra. Quando a terra foi removida, ele notou que havia diversos pequenos ossos, e perguntou ao cientista forense se os ossos das pessoas haviam sido quebrados durante o massacre. O cientista respondeu que não, que a vala continha os cadáveres de mulheres grávidas, e que os ossos menores eram de seus fetos.

Quando Ochaeta terminou de contar sua história, a equipe permaneceu no mais absoluto silêncio. Eu nunca havia vivenciado um silêncio como aquele, foi chocante e pareceu ter durado cinco minutos. Depois que ele terminou, continuamos com nossos trabalhos.

Esse episódio teve um profundo impacto na equipe e também em mim. Quando os membros da equipe foram entrevistados, cinco anos mais tarde, para contar a história do projeto, muitos deles associaram os principais trabalhos que desenvolveram conjuntamente às percepções e à conexão que se manifestaram naqueles minutos de silêncio. Um deles disse que "após ouvir a história de Ochaeta, eu entendi e senti em meu coração tudo o que havia acontecido. Havia um sentimento de que deveríamos fazer de tudo para impedir que aquilo acontecesse novamente". Uma outra pessoa disse que "ao compartilhar o seu testemunho, Ochaeta foi sincero, calmo e sereno, não havia sequer um traço de ódio em sua voz. Foi o que abriu caminho para o momento de silêncio que eu diria que durou, ao menos, um minuto. Foi terrível! Foi uma experiência absolutamente comovente para todos nós. Qualquer um de nós diria que aquele momento foi como uma grande comunhão".[3] Em um país católico como a Guatemala, referir-se a um momento de comunhão em grupo significa falar sobre um momento no qual todas as pessoas se tornaram apenas uma.

A história dos cinco minutos de silêncio no Visão Guatemala (Visión Guatemala) se tornou o capítulo final do meu primeiro livro, *Como resolver problemas complexos: uma forma aberta de falar, escutar e criar novas realidades*. Ele resumiu meu entendimento (que surgiu em Mont Fleur) de que a conexão com outras pessoas (e, por meio disso, a revelação e o reparo do todo social) era a chave para a colaboração. As experiências que eu tive com esse tipo de conexão neste e em outros projetos também satisfizeram meu desejo de me envolver harmoniosamente com outras pessoas e com algo maior do que eu mesmo.

Em 2008, eu voltei à Guatemala para a comemoração de vinte anos do projeto. Fiquei muito feliz em rever meus colegas – entretanto, muito preocupado com o que estava acontecendo lá. A crise econômica estava piorando, o crime organizado e alguns militares apresentavam um risco crescente, e havia um descontentamento com o novo governo, liderado por um de nossos colegas da equipe do Visão Guatemala, o agora presidente Álvaro Colom. Eu me interessei pelo que a equipe achava do trabalho que havíamos desenvolvido juntos, sobre o qual eu havia escrito com tanto entusiasmo.

Almocei com uma amiga, a pesquisadora e ativista de esquerda Clara Arenas. Ela sabia como eu considerava importante o diálogo em nossa equipe. Então, ela prontamente me contou que seus colegas e ela estavam tão frustrados com os resultados ruins dos diálogos que estavam acontecendo à época na Guatemala, que eles haviam pago por um anúncio de página inteira em um jornal para comunicar que não iriam mais participar de tais processos. Fizeram isso pois o governo esperava que as organizações participantes dos diálogos desistissem de organizar greves, manifestações ou outras formas de resistência popular. Arenas e seus colegas não estavam dispostos a se desmobilizar e abandonar uma das formas mais fundamentais que eles tinham para atingir seus objetivos. E se não pudessem se mobilizar para defender suas perspectivas e posições, então não estariam dispostos a dialogar para se comprometer com o governo. Eu admirava Arenas e sabia que ela estava me dizendo algo muito importante. Contudo, não consegui encaixar aquilo em meu entendimento sobre colaboração, e aqueles fatos permaneceram comigo como uma tensão não resolvida.

Cinco anos mais tarde, eu tive três experiências que me mostraram como resolver tal tensão.

Em outubro de 2013, tive uma interação intensa com David Suzuki em uma reunião do conselho de sua fundação, em Vancouver. Suzuki é um geneticista canadense que apresentou programas sobre ciências muito populares no rádio e na televisão por mais de 40 anos. Ele é um ambientalista extremamente ativo e uma das figuras mais respeitadas do país. À época, ele estava no meio de um embate marcante entre ambientalistas, empresas de combustíveis fósseis e o governo federal sobre como o Canadá deveria lidar com as mudanças climáticas, sobretudo as altíssimas emissões de dióxido de carbono de seus projetos de areias asfálticas.

Antes da reunião, eu havia lido um dos discursos de Suzuki em que ele dizia que estaria disposto a se envolver em discussões com o CEO do consórcio de empresas de areias asfálticas sob a condição de que o executivo "concordasse com determinadas coisas", por exemplo, que "somos todos animais e, como animais, nossas necessidades mais básicas de todas, antes de mais nada, são ar puro, água, solo e energia limpos e biodiversidade".[4] Eu achei que a insistência de Suzuki em dialogar apenas se os princípios nos quais acreditava fossem aceitos era despropositada e contraproducente e, durante a reunião, eu o questionei sobre esse assunto. Sua opinião era de que, sem acordo sobre questões tão fundamentais, era melhor que ele não se envolvesse e, em vez disso, iria dedicar seus esforços para mobilizar a opinião pública e política ao redor dos princípios nos quais ele acreditava.

Essa breve conversa me marcou profundamente. Eu já havia ouvido tal argumento diversas vezes de outras pessoas em outros contextos, que os princípios que eles defendiam eram corretos e deveriam ser aceitos como ponto de partida para qualquer colaboração. Eu sempre havia combatido veementemente tais argumentos acreditando que essas discordâncias sobre princípios eram exatamente a razão pela qual as colaborações não ocorriam. O acordo poderia ser atingido apenas por meio do comprometimento e da colaboração (e não antes deles). Entretanto, a provocação de Suzuki permaneceu viva dentro de mim, pois os princípios que ele defendia me pareciam corretos, e porque eu tinha a mais alta consideração por ele e não poderia apenas desconsiderar seus argumentos tão facilmente.

Finalmente, eu havia conseguido entender que defender e se engajar são formas complementares (e não opostas) de avançar nos desafios complexos. Ambos são legítimos e necessários. As mais diversas formas de se defender algo – debatendo, fazendo campanha, competições, rivalidades, manifestações, boicotes, processos legais, confrontos violentos – fazem parte de todas as histórias de mudança sistêmica. A defesa e o ataque inevitavelmente criarão discórdia e conflito. Porém, eu acreditava que talvez algumas pessoas ou organizações fariam uma afirmação e outras aceitariam se engajar. Eu ouvi uma vez que ativistas se referiam a papéis "de dentro" e "de fora da sala" em seus esforços para trazer a mudança. Eu achava que tal complementaridade significaria que os outros poderiam focar na afirmação, e eu poderia manter meu foco no engajamento dentro de minha zona de conforto.

No início de dezembro de 2013, eu voltei para minha casa na África do Sul e, alguns dias depois, Nelson Mandela faleceu. Por semanas a fio, jornais locais e internacionais foram inundados de obituários e reflexões sobre sua vida e seu legado. Eu também refleti sobre meu entendimento a respeito de sua biografia, que havia se tornado entrelaçada à minha própria história de vida.

Nesse mesmo 2013, as relações sociais e políticas entre os sul-africanos haviam se tornado mais fragmentadas, menos piedosas, e muitas pessoas estavam começando a reavaliar o sucesso da transição "miraculosa" que Mandela havia liderado em 1994.

Com esses acontecimentos logo após minha conversa com Suzuki, eu entendi que, ao focar tanto nos esforços de Mandela para atingir seus objetivos por meio do engajamento e diálogo com seus oponentes, eu havia subestimado seus esforços para atingir esses mesmos objetivos por meio da afirmação e da luta. Antes de Mandela ir para a prisão, ele havia liderado marchas ilegais e outras campanhas contra o governo do *apartheid*, havia agido na clandestinidade viajando para o exterior e foi o primeiro comandante do braço de guerrilha armada do Congresso Nacional Africano (African National Congress, ou ANC). (Até 2007, os líderes do ANC continuaram tendo seus vistos de entrada nos Estados Unidos negados sob a justificativa de que haviam pertencido a uma organização terrorista.) Após a libertação de Mandela, durante as negociações que levaram às eleições de 1994 e posteriormente durante seu mandato presidencial, ele com frequência pressionou seus oponentes duramente para avançar com suas posições.

Hoje, entendo que a análise mais profunda da liderança de Mandela mostra que ele sabia como e quando se engajar; como e quando defender suas ideias. A extraordinária transição na África do Sul se concretizou por meio de Mandela e outras pessoas que empregaram tanto o engajamento quanto a afirmação de suas posições. Ao refletir sobre o meu próprio trabalho, entendi que eu estava focando apenas na parte da história na qual eu estava fisicamente presente. Embora geralmente me encontrasse com as pessoas com quem trabalhava nos seminários desenhados para que conseguissem dialogar entre si, muitas dessas pessoas passavam grande parte de seu tempo fora dos seminários lutando entre si. Na verdade, essa combatividade era o que tornava os diálogos tão memoráveis e tão úteis. Nesse ponto, eu comecei a me perguntar se os papéis de engajamento e afirmação de posições poderiam continuar sendo mantidos separados, como eu acreditava até então.

Então, em maio de 2014, na Tailândia, depois de meses de confrontos violentos do Forçamos, o exército deu o golpe de estado. Alguns de meus colegas ficaram revoltados com tal ação tão antidemocrática. Outros ficaram aliviados que a escalada da violência havia sido estancada esperando que um governo militar severo conseguisse estabelecer novas regras para permitir a construção pacífica e ordenada do cenário Colaboramos.

Eu não sabia com qual das posições concordar, pois entendia os riscos e limitações de um governo militar. Também podia entender o impulso da junta militar em impor uma colaboração ordenada e pacífica: eles estavam suprimindo a afirmação das posições para permitir concordância.

Tal evento tão extremo foi a última peça do quebra-cabeça que estava à minha frente. E o que eu vi me surpreendeu demais. Um golpe de estado é o resultado lógico da forma de colaboração que eu estava utilizando desde Mont Fleur. Quando aceitamos o engajamento harmonioso e rejeitamos a afirmação da discordância, então acabaremos sufocando o sistema social com o qual estamos trabalhando. Era isso que Arenas estava tentando me dizer na Guatemala anos atrás.

Na colaboração estendida, não podemos apenas aceitar o engajamento sem a afirmação de posições. É necessário encontrar uma forma de fazer ambas as coisas.

Há mais que uma totalidade

Uma consequência de que seja indispensável tanto concordar como defender posições é que a priorização do "bem do todo" – seja esse todo nossa equipe, organização ou comunidade – não é razoável ou legítima.

Todos os sistemas sociais consistem de totalidades múltiplas que fazem parte de totalidades maiores. O autor Arthur Koestler criou o termo *holon* para descrever algo que é, ao mesmo tempo, uma totalidade e uma parte.[5] Por exemplo, uma pessoa é uma totalidade por si só. Ela faz parte de uma equipe (que é uma totalidade por si só), que faz parte de uma organização (que é uma totalidade por si só), que faz parte de um setor, e assim por diante. Cada uma dessas totalidades tem suas próprias necessidades, interesses e ambições. Cada totalidade pode ser parte de diversos outros todos maiores.

Portanto, não existe isso de "a totalidade", e quem alega estar buscando "o bem da totalidade" é enganoso, senão manipulador: realmente significa "para o bem da totalidade que importa mais para mim". Quando dizemos que estamos buscando "o bem da equipe", por exemplo, está implícito que estamos dando menor prioridade para o bem dos membros da equipe individualmente (as totalidades menores) e para a organização (o bem maior). Na colaboração estendida, portanto, damos atenção não apenas ao bem de uma única totalidade. Em vez disso, para o bem de múltiplos *holons* contidos e sobrepostos, e para a riqueza e conflito que isso inevitavelmente revela.

Ao ajudar equipes colaborativas, eu cometi esse erro de focar nos objetivos da equipe como uma totalidade, ou seja, eu implicitamente pedia para os participantes abrirem mão de seus objetivos individuais e organizacionais. Ao fazer isso, eu também estava convenientemente subestimando o fato de que os interesses dessas totalidades maiores e menores eram idênticos apenas para mim – e talvez para o líder da equipe. Nós éramos os únicos que, ao priorizar os interesses da equipe como um todo, estávamos, ao mesmo tempo, priorizando nossos próprios interesses.

Em 2013, quase 30 anos após eu ter ido embora de Montreal, voltei para a cidade com minha esposa, Dorothy, para abrir a sede canadense da Reos Partners. Isso me permitiu olhar para minha terra natal com novos olhos. Eu achei essa experiência encantadora e, também, desafiadora. Após muitos anos morando em outros países, eu notei algo muito característico na forma discreta

A estrutura holonística dos sistemas sociais

com que os canadenses com quem eu trabalhava abordavam nossos desafios. Mas eu ainda não entendia como lidar com aquilo.

No ano seguinte, por conta do aniversário dos 150 anos da fundação do Canadá, meus colegas e eu realizamos uma série de entrevistas com 50 líderes canadenses. Perguntamos a cada um deles o que eles achavam que seria necessário para que os canadenses fossem bem-sucedidos em criar um bom futuro.[6] Durante o período em que estávamos realizando as entrevistas, diversos debates difíceis e preocupantes estavam acontecendo no Canadá e em outros países sobre o papel dos muçulmanos nas sociedades ocidentais. Uma das pessoas que eu entrevistei era Jean Charest, ex-primeiro Ministro de Quebec, que fez um comentário espantoso sobre os incentivos políticos para a inimização que obscureceram a corrida presidencial dos Estados Unidos dois anos antes.

> Os demagogos prosperam incentivando a insegurança e a demonização de determinados grupos. Eles enfatizam as diferenças em vez de enfatizar as coisas que temos em comum. A natureza humana é tal que lembramos muito melhor das coisas negativas que das positivas. É fácil votar contra algo (ou alguém) em vez de votar a favor de algo. Para os políticos, é sempre tentador jogar um grupo político contra o outro porque isso funciona muito bem – e rápido.

Então, eu entrevistei Khalil Shariff, CEO da Fundação Aga Khan Canada, uma organização fundada pelo líder espiritual dos muçulmanos Shia Ismaili no mundo todo. Shariff tinha uma perspectiva equilibrada sobre a cultura canadense que eu nunca havia ouvido antes:

> No mundo como um todo, a noção de homogeneidade está desaparecendo rapidamente por dois motivos. Em primeiro lugar, temos mais consciência de nossas diferenças individuais e da representação de nós mesmos e que em qualquer outro momento da história. Em segundo lugar, estamos vivenciando movimentos demográficos que eram historicamente desconhecidos.

Esses dois fatores significam que a ideia de gestão das diferenças e da capacidade de viver dentro de estruturas comuns pode ser fundamental para qualquer sociedade atualmente. Alguém me disse que, em um indivíduo, a humildade é a maior das virtudes. E qual é a maior das virtudes para uma sociedade, a virtude que origina todas as outras virtudes e capacidades? Fico pensando se a pluralidade pode ser a origem de todas as outras virtudes. Quando é possível construir a capacidade social de se lidar com a pluralidade, então é possível lidar com diversas outras questões. As bases da sociedade canadense, esse comprometimento com a pluralidade, é invisível para a maioria dos canadenses. Nem sempre percebemos tal compromisso explicitamente, consideramos que seja algo natural, e ele está gravado a fundo dentro de nós.

Shariff também me colocou um desafio pessoal: "Talvez esse trabalho colaborativo que você desenvolve no mundo todo, do qual você tanto se orgulha, não seja apenas a expressão de suas capacidades. Talvez você esteja expressando uma característica da cultura na qual você foi criado". A cultura canadense não é a única que valoriza a pluralidade e, ao mesmo tempo, os próprios canadenses frequentemente expressam valores conflitantes – por exemplo, sua supressão brutal da cultura indígena. Porém, Shariff destacou o valor fundamental da cultura da pluralidade para conseguir conviver e trabalhar com totalidades contraditórias e que podem confundir as pessoas.

Todo *holon* tem duas motivações

A chave para conseguir trabalhar com totalidade múltiplas é ter a capacidade de trabalhar com ambos, poder e amor. Eu propus essa abordagem em meu livro de 2010, *Poder e amor: teoria e prática da mudança social*, e continuo a considerar um caminho fundamental para entender as dinâmicas da colaboração.

Nesse livro, eu defini *poder* conforme o trabalho esclarecedor do teólogo Paul Tillich como "a motivação de tudo o que está vivo de entender a si mesmo".[7] A motivação do poder se manifesta no comportamento da afirmação. Em grupos, a motivação do poder produz diferenciação (o desenvolvimento de diversas formas e funções) e individuação (partes que operam independentemente entre si).[8]

Também defini *amor* conforme a visão de Tillich como "a motivação para unir o que está separado". A motivação do amor se manifesta no comportamento do envolvimento. Em grupos, a motivação do amor gera a homogeneização (compartilhamento de informações e capacidades) e a integração (partes que se conectam ao todo).

Minha tese era de que todas as pessoas e todos os grupos possuem ambas as motivações, e que é sempre errado empregar apenas uma delas. Poder e amor não são opções a serem selecionadas, são polos complementares e devemos escolher ambos. Falo isso com base no que Martin Luther King Jr., aluno de Tillich, defendeu ao dizer que "o poder sem amor é imprudente e abusivo. E o amor sem poder é sentimental e anêmico".[9] Citei diversos exemplos em sistemas sociais de pequena e larga escala mostrando as degenerações conjuntas que ocorrem quando alguma dessas motivações é exercida sem a outra, e a síntese gerativa que ocorre quando elas são exercidas conjuntamente.

Cada totalidade ou *holon* vivo tem ambas as motivações, do amor e do poder. Amor, a motivação que leva à unidade, reflete a parcialidade de um *holon*: uma parte de totalidades maiores. Poder, a motivação que leva à autorrealização, reflete sua completude: uma totalidade em si. Portanto, ser capaz de trabalhar com ambos, amor e poder, é um pré-requisito para conseguir trabalhar com totalidades múltiplas.

Uma vez, eu falei deste livro para uma associação holandesa de gestores temporários. São profissionais que realizam diversas funções temporárias de gestão em organizações com projetos especiais, que cobrem uma licença ou atraso no preenchimento de uma vaga.

ACEITAR O CONFLITO E A CONEXÃO 85

Sua reação à minha tese foi de que a necessidade de se trabalhar ambos, poder e amor, era óbvia. Sua função como gestores era de conciliar a motivação de autorrealização individual de cada um dos membros das equipes com a necessidade de unir as equipes para atingir sua autorrealização coletiva.

Eu também aprimorei meu entendimento da centralidade do poder e do amor para se trabalhar com sistemas sociais à medida que convivi com políticos e ativistas. Foi uma surpresa para mim quando Antonio Aranibar, gestor de uma unidade de análise política das Nações Unidas, patrocinou a edição espanhola do livro. Quando lhe perguntei por que achava que o livro era útil, ele disse que, em sua opinião, a essência da política é alinhar os interesses das totalidades menores aos interesses das totalidades maiores.

Então, Betty Sue Flowers sugeriu que eu deveria analisar como o presidente Lyndon Johnson dos Estados Unidos havia feito tal alinhamento. Encontrei uma biografia de Johnson com um relato cativante sobre como ele havia conseguido promulgar a Lei dos Direitos Civis se atentando detalhadamente aos interesses de cada um dos legisladores, atrelando suas totalidades político-individuais a uma totalidade maior. O biógrafo relata uma reunião entre o presidente Johnson e o historiador Arthur Schlesinger:

> Johnson recorreu aos senadores individualmente, os outros 48 senadores Democratas. "Quero que você veja o tipo de material com que eu tenho que lidar", disse ele. Schlesinger lembrou que "ele não o fez com todos, mas com a maioria deles", um evento que o historiador jamais esqueceu. Senador por senador, Johnson repassou a lista: os pontos fortes e fracos de cada homem, quem gostava demais de álcool ou de mulher, uma vez que ele tinha que saber quando procurar um senador em sua própria casa ou na casa da amante, quem era controlado pela grande empresa de energia de seu estado de origem e quem ouvia as cooperativas públicas de eletrificação, quem atendia aos pedidos dos sindicatos e quem atendia aos pedidos dos lobistas do agronegócio, qual senador respondia

a um tipo de argumento e qual respondia ao argumento oposto. Ele fez pequenas imitações fascinantes, "quando falou de Chavez, cujo problema era o alcoolismo, Johnson imitou Chavez bêbado – muito engraçado."[10]

ALTERNANDO ENTRE PODER E AMOR

Após publicar *Poder e amor: teoria e prática da mudança social*, descobri que o psicólogo Barry Johnson tinha desenvolvido uma metodologia para mapear as relações entre polos como poder e amor. Ele sugere que devemos diferenciar entre problemas que podem ser resolvidos e polaridades que não podem ser resolvidas, mas apenas administradas.[11] O psicólogo explica, ainda, que a relação entre dois polos é análoga à relação entre inspiração e expiração. Não se pode escolher entre um e outro: se apenas inspirarmos, morreremos de excesso de dióxido de carbono. Se apenas expirarmos, morreremos por falta de oxigênio. Em vez disso, devemos inspirar e expirar, não ao mesmo tempo, mas em movimentos alternados. Primeiro inalamos para transferir o oxigênio para o sangue, então as células convertem o oxigênio em dióxido de carbono, que se acumula no sangue. Finalmente, exalamos para que o dióxido seja expelido, e quando o nível de oxigênio no sangue chega a níveis muito baixos, inspiramos novamente, e assim por diante. Se estivermos em condição saudável, esse sistema de retorno fisiológico involuntário mantém a alternância necessária entre inspiração e expiração, o que nos permite viver e crescer.

O mapeamento de Barry Johnson me permitiu entender melhor minhas experiências perturbadoras com engajamento e afirmação. Ele explicou o que é necessário para exercer o amor e o poder e trabalhar com totalidades múltiplas. Agora eu consigo entender que a minha percepção inicial de colaboração, que significava abraçar a harmonia e rejeitar a discórdia, estava limitando sua aplicabilidade e seus resultados. Quando tentei utilizar esse tipo de colaboração que incluía apenas a harmonia, eu geralmente falhei e tive que recorrer a me adaptar, me forçar ou me retirar.

Quando colaboramos, exercemos alternadamente amor e poder. Primeiro nos engajamos com as outras pessoas. À medida que nosso engajamento continua e se intensifica, ele acaba por produzir uma sensação desconfortável de fusão e rendição: ter que submeter ou ceder às coisas mais importantes aos demais, a fim de mantermos o engajamento. Tal reação ou sentimento de desconforto é um sinal de que é necessário alternarmos para a afirmação ou imposição das coisas que nos são importantes (como Arenas e Suzuki fizeram). Então, à medida que a afirmação continua e se intensifica, ela acaba por produzir em nós um impulso de bloqueio, reação ou resistência. Tal reação ou sentimento é sinal de que é necessário voltar ao engajamento. Nesse exemplo simples, eu dei a cada uma das partes apenas um papel. Porém, na verdade, ambas as partes podem exercer ambos os papéis.

Podemos perceber a necessidade de alternar entre engajamento e afirmação se considerarmos o que acontece quando uma dessas reações ou sensações de desconforto são ignoradas e deixadas para trás. Quando apenas continuamos a nos defender e ultrapassar os esforços alheios de resistência, estaremos forçando ou impondo o que nos importa sobre o que importa para eles – derrotando ou aniquilando o outro lado. Em último caso, utilizar apenas a afirmação produz guerra e morte (a possibilidade de guerra civil que alguns tailandeses temiam durante os violentos confrontos de 2013/14). Tal risco, amplamente reconhecido, explica por que é importante se atentar aos sentimentos de resistência que indicam que a afirmação está indo longe demais, que é necessário buscar o engajamento. Participar desse compromisso quando necessário vai impedir que a afirmação se torne degenerativa.

Por outro lado, quando continuamos a gerar o engajamento alheio além de seu ponto de conforto, estaremos manipulando ou desempoderando o outro lado. Na pior das hipóteses, apenas utilizar o engajamento sufocará os outros produzindo o estado de inércia que surge por imposição da paz ou pacificação (a possibilidade de sufocamento que alguns tailandeses temiam que poderia resultar do golpe de 2014). Tal risco, menos reconhecido,

Administrando as polaridades entre amor e poder

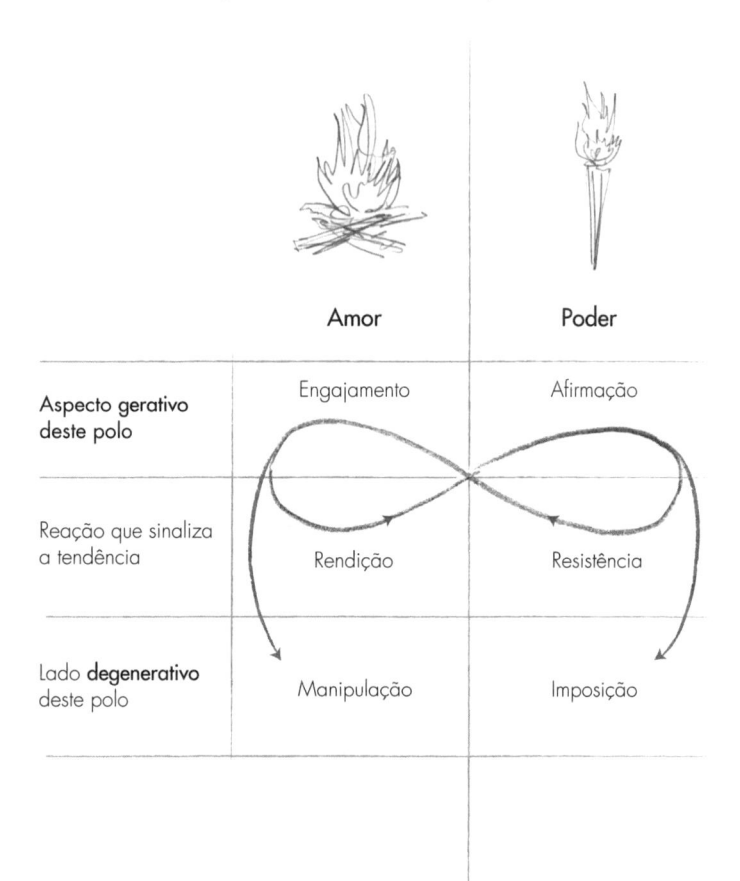

	Amor	Poder
Aspecto gerativo deste polo	Engajamento	Afirmação
Reação que sinaliza a tendência	Rendição	Resistência
Lado **degenerativo** deste polo	Manipulação	Imposição

é a razão da importância de se notar o sentimento de rendição que sinaliza que o engajamento está indo longe demais, e que é necessária a afirmação. Promover a afirmação, quando necessário, vai impedir que o engajamento se torne degenerativo.

Tal risco menos reconhecido do engajamento irrestrito é o que faltava em meu posicionamento, que emergiu depois de Mont Fleur, de busca de engajamento e diálogo e rejeição da afirmação e do enfrentamento. Barry Johnson nota que, se estivermos focados sobretudo no risco da afirmação irrestrita (como eu estava), entenderemos equivocadamente o engajamento como um ideal – em vez de ser apenas um polo, o que produzirá essa armadilha oposta. O erro que eu estava cometendo era de rejeitar a afirmação como sendo incivilizada e perigosa, ignorando esse aspecto. Isso não fazia com que a afirmação deixasse de existir, apenas a jogava para debaixo do tapete para que ela fosse utilizada por mim de forma menos consciente e objetiva.

O psicólogo James Hillman mostra que diversas pessoas que, assim como eu, trabalham em "profissões que buscam ajudar os outros" cometem esse mesmo erro de rejeitar a afirmação e o poder. Segundo ele,

> Por que os conflitos sobre poder são tão cruéis em áreas mais idealistas, como no clero, na medicina, nas artes, no magistério e na enfermagem, do que nos negócios e na política, em que fazem mais parte do cotidiano? Nos negócios e na política, parece haver menos idealismo e uma maior noção de sombra. O poder não é reprimido, ele é vivido como parte integrante do dia a dia e, além disso, não é visto como inimigo do amor. Enquanto a noção de poder for corrompida por uma oposição romântica com o amor, o poder efetivamente vai corromper. A corrupção não começa com o poder, mas com a ignorância de sua existência.[12]

Ao bloquearmos a afirmação, a pervertemos, a tornamos degenerativa e perigosa.

Como indicado por Hillman, nos negócios e na política, o valor da afirmação (competição e contestação) é comumente aceito, assim como a coexistência da afirmação e do engajamento (por exemplo, ao se cooperar para manter o espaço de manobra para a livre concorrência). Porém, quando se fala em colaboração, a frequente premissa equivocada de que é necessário apenas o engajamento em vez da afirmação faz com que sejam necessários esforços deliberados para permitir a afirmação gerativa.

A colaboração convencional foca no engajamento, não deixando espaço para a afirmação, tornando-a rígida e frágil, engessando e paralisando o processo. A colaboração estendida, entretanto, gera ciclos alternados de engajamento e afirmação, permitindo que um sistema social, como uma família, organização ou nação, evolua e atinja níveis mais avançados.[13]

Nas vezes em que palestrei sobre *Poder e amor: teoria e prática da mudança social*, notei que a maioria das pessoas se sentia mais confortável com amor e engajamento ou com poder e afirmação, um ou outro. Suas preferências eram pessoais e culturais. Quando em contextos com baixos níveis de estresse (com colegas ou amigos, por exemplo), eles poderiam navegar mais fluidamente entre as duas motivações. Contudo, em situações com altos níveis de estresse (frente a oponentes ou inimigos), as pessoas tendem a ficar emperradas em sua zona de conforto. Frequentemente, entendem os perigos de abusar de sua motivação predominante e recuam. Algumas pessoas já me disseram: "No trabalho, eu me sinto mais confortável em exercer o poder. Entendo que o amor seja mais apropriado para minha casa. Logo, sou frequentemente acusado de estar indo longe demais, então tento controlar meu poder". Outras me disseram que: "me sinto mais confortável em exercer o amor. Acredito que o poder seja perigoso. Porém, eu geralmente me machuco, então tento limitar meu amor." Além disso, as pessoas frequentemente escolhem focar em sua motivação predominante, deixando que outra pessoa – seu cônjuge, sócio ou outra área da organização – exerça a outra motivação.

A colaboração estendida requer que todos nós aceitemos ambos, amor e poder. Quando reprimimos um deles (enfraquecendo nosso polo predominante ou terceirizando o polo mais fraco), não temos sucesso nas colaborações em contextos mais complexos. Portanto, devemos fazer o contrário: fortalecer nosso polo mais fraco praticando seu uso para que seja fortalecido. É necessário ser elástico.

A chave para alternar entre engajamento e afirmação é saber quando utilizar o que para manter o ciclo gerativo – e não o ciclo degenerativo. David Culver, ex-CEO da siderúrgica canadense Alcan, era conhecido como um gestor extraordinário. Quando se aposentou, o pesquisador de inovação social Frances Westley perguntou a ele qual era sua fórmula de sucesso. Ele então respondeu que: "quando sinto que quero ser piedoso, tento ser duro, e quando sinto que quero ser duro, tento ser piedoso". Ou seja, o movimento entre engajamento e afirmação requer atenção ao retorno que possa demonstrar desequilíbrio (cair na degeneração) para fazer o movimento contrário, buscando o reequilíbrio. Quando o engajamento gera rendição e, portanto, risco de manipulação, é hora de incentivar a afirmação. Por outro lado, quando a afirmação está produzindo resistência e, consequentemente, risco de imposição, é hora de incentivar o engajamento. O segredo aqui não é manter uma posição de equilíbrio estático, mas buscar perceber e corrigir os desequilíbrios dinamicamente.

É necessário estar alerta e ter coragem suficiente para empregar engajamento e afirmação e conseguir fazer um movimento de contrapeso quando necessário. Em situações ou sistemas que sejam dominados pelo engajamento, quando começamos a praticar a afirmação, podemos ser vistos como indelicados ou agressivos. Em situações ou sistemas que sejam dominados pela afirmação, quando começamos a promover a engajamento, podemos ser vistos como fracos ou desleais. Assim, é necessário paciência para nadar contra a maré: esperar o momento em que o movimento contrário começa a produzir frustração, dúvida ou medo e, então, fazer o movimento de contrapeso.

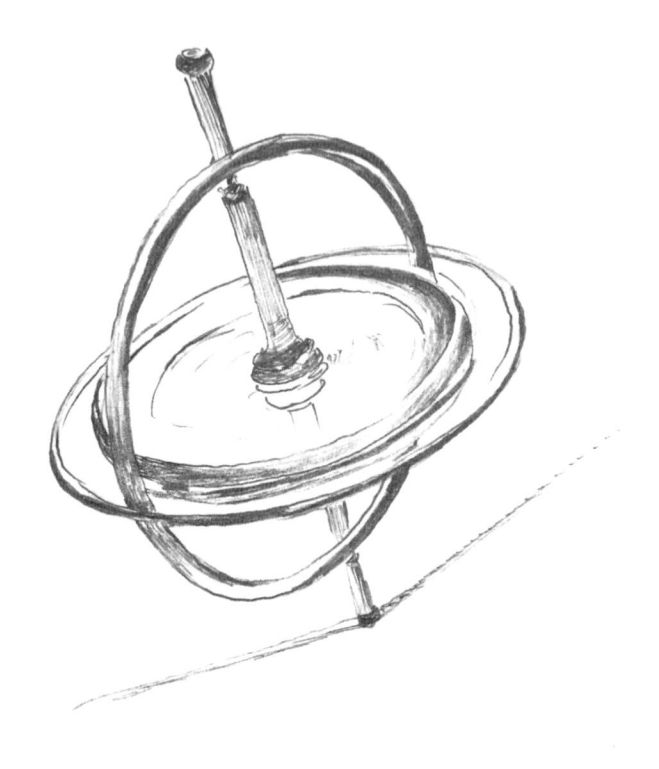

equilíbrio em movimento
movimento em equilíbrio

A prática essencial necessária para se aceitar o conflito e a conexão é, portanto, prestar atenção em como utilizamos amor e poder. Se notamos que estamos utilizando amor demais, insistindo que a unidade e o bem coletivo que nos é mais importante devem vir em primeiro lugar, então devemos empregar poder e viver com os conflitos – talvez perturbadores – que poderão surgir. Quando percebemos que estamos utilizando poder demais, insistindo que a expressão dos interesses da parte constituinte que nos é mais importante devem vir em primeiro lugar, então devemos empregar o amor e viver com a coletividade – talvez estrita – que poderá surgir. Devemos continuar a empregar ambas as motivações.

6

A segunda extensão é experimentar dar um passo adiante

Caminhante, não há caminho; o caminho se faz ao caminhar.

Antonio Machado[1]

*N*a colaboração convencional, avançamos quando concordamos sobre o problema, a solução e o plano para que seja implementada, finalmente, sua execução. Tal abordagem funciona em situações de baixa complexidade e elevado controle, quando é possível chegar a tal nível de acordo entre os participantes da colaboração e quando conseguimos que o plano produza os resultados desejados. Porém, em situações de alta complexidade e pouco controle, é necessário experimentar as mais diversas articulações e ações possíveis. É necessário dar um passo à frente, observar o que acontece; e então dar mais um passo.

NÃO É POSSÍVEL CONTROLAR O FUTURO, MAS PODEMOS EXERCER INFLUÊNCIA SOBRE ELE

Entendo que meu trabalho seja ajudar as pessoas a colaborarem para resolver seus principais desafios. Portanto, eu geralmente não escolho quais desafios resolver. Entretanto, alguns anos atrás, por meio de minhas experiências na Colômbia, na Guatemala e em outros lugares, eu comecei a me dedicar ao conjunto generalizado de problemas associados às drogas ilegais, como heroína, cocaína e metanfetamina. Então, em 2012, inesperadamente eu descobri uma possibilidade de fazer alguma coisa nessa área.

Posteriormente, quando eu já estava me dedicando a isso, fiquei chocado ao saber o tamanho dos esforços de governos de todo o mundo para tentar implementar a mesma e única estratégia há 40 anos: a conhecida "guerra ao narcotráfico", travada por meio da criminalização da produção, venda e consumo de determinadas substâncias. As autoridades de controle de entorpecentes haviam implementado rígidas legislações nos âmbitos local, nacional e até mesmo global com um custo de mais de 100 bilhões de dólares ao ano.[2] Nos debates oficiais a respeito dessas políticas, quaisquer alternativas a essa estratégia eram excluídas das discussões. E apesar desse investimento único e concentrado de recursos, os níveis de drogadição, criminalidade, corrupção, encarceramento e violência permaneciam extremamente altos.

Na década de 1990, alguns líderes políticos começaram a questionar essa estratégia consolidada. Um dos maiores ativistas era o presidente colombiano Juan Manuel Santos. Em novembro de 2011, ele disse: "algumas vezes sentimos que os esforços globais nesse sentido parecem pedalar em uma bicicleta ergométrica. Continuamos a guerra ao narcotráfico, mas as drogas continuam avançando".[3] Ele repetiu sua opinião diversas vezes em numerosas reuniões, declarando que estava buscando uma forma de as políticas sobre drogas desatolarem e finalmente pudessem avançar.

Meus colegas Joaquin Moreno, Gustavo Mutis e eu já havíamos trabalhado com Santos em diversos projetos desde o Destino Colômbia, em 1996. Então, em fevereiro de 2012, quando nós quatro nos encontramos rapidamente em Bogotá para o lançamento da edição em espanhol de *Poder e amor: teoria e prática da mudança social*, criamos um projeto inspirado no Destino Colômbia para unir líderes internacionais e explorar novas opções de políticas para drogas. Em abril de 2012, Santos propôs esse projeto em uma conferência com todos os presidentes e primeiros-ministros das Américas.

Eles concordaram e designaram a Organização dos Estados Americanos (OEA), na capital dos Estados Unidos (Washington), para realizar o trabalho. Qual não foi minha surpresa ao perceber tudo o que era possível se me dedicasse a fazer a diferença.

E foi assim que, entre maio de 2012 e maio de 2013, trabalhei com meus colegas e com a OEA em um esforço ambicioso para articular alternativas à guerra ao narcotráfico.[4] O Secretário-Geral da OEA, José Miguel Insulza, ficou muito feliz ao receber essa importante tarefa e surpreso ao descobrir que meus colegas e eu também deveríamos estar envolvidos. O procedimento habitual da OEA de realizar seus projetos era buscar entendimentos por meio de negociações diplomáticas formais e racionalistas entre seus governos-membros, e diversos observadores tinham dúvidas de que tal procedimento traria resultados em um assunto tão complexo e travado quanto esse. Enquanto isso, meus colegas e eu tínhamos o desejo de produzir opções por meio de uma colaboração criativa informal envolvendo os vários atores governamentais e não governamentais.

Devido às diferenças entre a OEA e nossas opiniões e abordagens, a primeira reunião com Insulza e sua equipe foi cheia de desconfiança e conflito. Tanto eles quanto nós queríamos estar no comando do projeto. Contudo, devido à forma que ele havia sido criado, nenhum de nós conseguiria assumir essa posição. Para que aquele projeto colaborativo pudesse ser implementado, nós mesmos precisaríamos colaborar.

Seria necessário descobrir uma forma de organizar o projeto, quais atores envolver e como conectá-lo aos processos governamentais oficiais. Tínhamos o interesse comum no sucesso desse projeto de grande exposição e gigantesca magnitude, porém tínhamos visões e interesses que diferiam em todas as questões. E assim se iniciou um ano inteiro de engajamento e afirmação; diálogos amigáveis e discussões raivosas; cooperação e competição. Toda essa experiência de trabalhar em um projeto (que tinha tamanha importância para mim) com pessoas com quem eu não concordava foi, ao mesmo tempo, extremamente revigorante e profundamente desgastante.

Concordamos em criar uma equipe de trabalho com 46 líderes de todos os países e setores das Américas envolvidos nas políticas de drogas: políticos, forças de segurança, empresários, profissionais de saúde e educação, indígenas, organizações culturais, sistemas judiciários e sociedade civil. Essa equipe se reuniu para dois *workshops* de três dias na Cidade do Panamá em janeiro e fevereiro de 2013. O principal objetivo era chegar a um acordo sobre os cenários que descrevessem o que poderia acontecer (não o que iria ou deveria acontecer) em relação ao problema das drogas. Esse formato da problematização foi crucial, pois permitiu que os mais diversos membros da equipe, que tinham posições radicalmente opostas e profundamente arraigadas sobre o problema e a solução, mudassem seu diálogo, indo de um formato normalmente rígido, que prescreve qual opinião está correta, para um formato mais fluido, que identificasse o que seria possível.

Meus colegas e eu nos concentramos na organização do projeto para permitir que a equipe conseguisse se conectar, pensar e agir livremente e a partir de novas bases. Os *workshops* incluíram diversas atividades que não eram usuais nas reuniões da OEA, como visitas a clínicas, delegacias de polícia, ao Canal do Panamá e outros locais para observar ao vivo os mais diversos aspectos de uma situação tão complexa. Eles também compartilharam suas histórias pessoais no trabalho com a questão das drogas, e houve uma sequência de sessões nas quais aconteceram diálogos criativos e estruturados sobre o que estava acontecendo e o que poderia acontecer.

Com base nessas sessões, a equipe criou um conjunto de cenários. Nenhum assunto foi prescrito ou proscrito. Durante os diálogos nos seminários e a subsequente elaboração do relatório, todos os membros tiveram igual oportunidade de contribuir, e nenhuma das contribuições recebeu peso maior que as outras. Betty Sue Flowers, editora do relatório, registrou cuidadosa e pacientemente cada contribuição, produzindo dezenas de novas iterações e versões do texto. E de forma sem precedentes para uma tarefa tão politicamente sensível, Insulza se comprometeu com a equipe

EXPERIMENTAR DAR UM PASSO ADIANTE 99

de que iria publicar o relatório da forma como fosse escrito, e não na forma como a OEA ou determinado governo-membro quisesse que fosse escrito.

A principal tensão dentro da equipe ocorreu entre representantes dos governos que estavam tentando fazer com que suas políticas atuais para drogas funcionassem, e ativistas não governamentais, que estavam tentando reformar tais políticas. Suas posições eram assimétricas: os representantes dos governos tinham mais poder formal, maiores responsabilidades e se sentiam mais defensivos em relação ao *status quo*. Nenhum lado confiava no outro. Durante o primeiro *workshop*, um representante governamental me disse que achava que os reformistas estavam fumando maconha em um corredor, e eu achei que também havia sentido o cheiro. Posteriormente, entendi que a acusação, além de ser falsa, era ridícula. Eu fiquei espantado com o quanto eu havia me envolvido no trabalho e com o quanto eu havia embarcado a fundo na desconfiança mútua, o que me fez sentir um cheiro que não existia.

Nós havíamos organizado o projeto cuidadosamente para que a equipe conseguisse chegar às suas conclusões livremente, com transparência e por meio de um processo democrático. Após semanas de debates inflamados, essa abordagem mostrou seu valor. Após muito diálogo nos *workshops*, por *e-mail* e em teleconferências, a equipe finalmente chegou a um acordo sobre o texto do relatório. Seu conteúdo apresentava diversos futuros alternativos, nos quais os governos se afastavam radicalmente da guerra ao narcotráfico, incluindo cenários nos quais alguns governos ignorariam tratados internacionais e dariam livre passagem em seu território para traficantes de drogas; nos quais o combate às drogas ganhariam uma abordagem baseada em saúde e não em segurança; nos quais seriam experimentadas novas formas de regular o uso de drogas, como a descriminalização, a despenalização e a legalização.

Insulza enviou, então, o relatório para Santos e outros líderes dos governos conforme havia sido escrito. Foi a primeira vez que um documento oficialmente solicitado havia discutido possíveis estratégias para se lidar com drogas além daquela já estabelecida.

Contrariamente às expectativas dos céticos, a OEA havia permitido um processo fora de seu controle, e os resultados eram inovadores e fundamentalmente importantes.

Quando Santos lançou o relatório, ele disse: "os quatro cenários não são recomendações acerca do que deveria acontecer ou previsões do que vai acontecer; eles apenas nos apresentam opções realistas livres de preconceitos ou dogmas".[5] Dezesseis meses mais tarde, refletindo sobre o processo, Insulza afirmou que "o relatório teve um impacto imediato de enormes proporções. Ele propiciou que fossem iniciados diálogos francos sem precedentes acerca de todas as opções disponíveis. Ele foi um divisor de águas em nossa forma de lidar com o fenômeno das drogas".[6]

Após esse ano tão desafiador no qual eu me dediquei a esse projeto, nossas realizações coletivas continuavam a me emocionar. Eu também fiquei furioso de ter que pressionar tanto minhas contrapartes da OEA para que participassem da forma de trabalho que eu vinha defendendo: envolvendo todos os atores, incluindo oponentes e inimigos, e toda a equipe em um processo criativo e dando a eles o controle do texto. Contudo, após me acalmar, eu consegui ver que estava irritado com eles por conta do mesmo comportamento que eu próprio estava manifestando: fazer tudo ao meu alcance para que as coisas acontecessem do meu jeito. Eu estava aprendendo a ter flexibilidade para atingir níveis ainda maiores de engajamento e afirmação.

Esse projeto não resolveu o problema das drogas nas Américas. Ele não produziu uma nova política ou plano de ação. Sua função foi produzir novas narrativas compartilhadas de possíveis futuros alternativos (os quatro cenários) e novas relações de trabalho eminentemente importantes entre os protagonistas (sobretudo entre os representantes dos governos e os reformistas). Além de outros avanços no mundo da política para drogas que ocorreram naquele ano, especialmente a legalização da maconha no Uruguai e em alguns estados dos Estados Unidos, abrimos novas possibilidades para o futuro da política de drogas nas Américas e também em outras regiões. Entre elas, maior abertura para opções até então consideradas impensáveis, como a experimentação de modelos alternativos para regulação da oferta e demanda, práticas para redução de danos do consumo, reformas de sentenças de prisão e revisões de tratados globais. O projeto ajudou esse sistema social hemisférico, que estava emperrado há anos, a sair da inércia e avançar.

Esse projeto me deu uma ideia clara do que é necessário para influenciar uma situação que não podemos controlar. A situação com a qual estávamos lidando estava fora de controle em, ao menos, três âmbitos: a produção e o consumo de uma infinidade de drogas novas ou antigas por uma infinidade de atores legais ou ilegais não poderiam ser controlados; as visões e as posições sobre as políticas para drogas dos atores governamentais e não governamentais no mundo todo não poderiam ser controladas; os resultados do nosso processo colaborativo entre participantes independentes não poderiam ser controlados.

Entretanto, a partir do momento que a equipe do projeto abriu mão de tentar controlar a situação, conseguimos avançar mais em seu desenvolvimento. O resultado foi que, além de os participantes não conseguirem concordar sobre o que seria o problema ou a solução, tal acordo se mostrou desnecessário, e esse entendimento nos permitiu avançar sem concordar nesse ponto. Tal colaboração admiravelmente robusta dentro de nossa equipe e na equipe de cenários abriu novas possibilidades para a situação que estávamos tentando abordar. A mais importante dessas novas possibilidades foi a disposição de ir além da execução rígida de apenas uma estratégia consolidada e de começar a experimentar novas e variadas estratégias com fluidez.

Estamos atravessando o rio tentando achar o caminho das pedras

Na colaboração estendida, cocriamos nossa forma de avançar. Não temos como saber nossa rota antes da partida, ela não pode ser controlada ou prevista por antecipação. Apenas conseguimos descobrir nosso caminho conforme o trilhamos. É uma forma de trabalho que pode ser, ao mesmo tempo, fascinante e angustiante.

Os participantes da colaboração estendida frequentemente não concordam entre si, não gostam uns dos outros ou não têm confiança mútua suficiente para se comprometer com um plano de ação que não seja modesto, de curto prazo e baixo risco. Dado que estão participando de um processo temporário de colaboração voluntária e que não têm controle uns sobre os outros, eles quase sempre têm a opção de saída. Os participantes fazem o que querem e não vai adiantar exercer força ou coação. Todos nós que nos envolvemos no projeto sobre drogas continuamos participando mesmo durante os altos e baixos porque acreditamos que ele nos apresentava uma oportunidade primordial de realizar algo a respeito de um tema que era importante para nós.

O professor de gestão Peter Senge afirma que: "a maioria das estratégias de liderança está fadada à falha desde o início. Os líderes que semeiam a mudança frequentemente são como jardineiros que ficam ao lado de suas plantas dizendo 'Cresçam! Continuem tentando! Vocês vão conseguir!'. Nenhum jardineiro tenta convencer uma planta a 'querer' crescer. Se a semente não tem o potencial para crescer, nada que eles façam vai mudar alguma coisa".[7] A colaboração estendida é como a jardinagem: podemos criar algumas das condições para o esforço coletivo do crescimento, mas não temos como determinar o que vai acontecer.

Mesmo quando as pessoas estão dispostas a concordar sobre um plano de ação, tais compromissos e planos geralmente produzem apenas o início, e não o final de um processo de mudança. Em um contexto contencioso de alta complexidade, a única forma de sabermos se um plano vai funcionar, se as partes vão realizar as ações com as quais se comprometeram, e se tais ações terão os impactos esperados, é se ele for experimentado. É arrogante e ilusório acreditar que nossas ideias funcionarão conforme planejado. Em tais contextos, a única forma sensata de avançar é dando um passo de cada vez e aprendendo com o processo.

Portanto, a colaboração estendida vai além de pactos ou acordos. É um processo continuado e emergente no qual é mais importante agir que entrar em acordo. Todavia, é crucial que sejam criadas as condições nas quais os participantes possam agir com liberdade e criatividade e, dessa forma, possam criar um caminho para avançar. Ter sucesso em uma colaboração não significa que os participantes vão concordar entre si, gostar ou confiar uns nos outros: pode ser que isso aconteça ou não. O sucesso é sinônimo de sair da inércia e dar o próximo passo.

A colaboração estendida também envolve mais que apenas formular, concordar e executar um plano. Ela pode ser uma disciplina útil para se criar um plano, desde que permaneçamos atrelados a ele apenas enquanto ele fizer sentido, e que o alteremos quando ele deixar de fazer sentido. A colaboração estendida envolve criar nosso caminho à frente em meio à incerteza e à contestação. O ex-líder do Partido Comunista Chinês Deng Xiaoping fez uma analogia memorável para descrever a abordagem da China para uma economia de mercado socialista: "Estamos atravessando o rio tateando as pedras do fundo".[8]

O princípio de que as equipes precisam tatear – mais do que planejar – o caminho à frente está consolidado na literatura de gestão. O teórico organizacional Karl Weick conta uma história, talvez apócrifa, sobre um grupo de soldados que fazia manobras militares na Suíça:

> O jovem tenente de um pequeno destacamento húngaro nos Alpes enviou uma unidade de reconhecimento para o gélido ermo. Pouco depois, a neve começou a cair, e após dois dias o destacamento não havia retornado. O tenente ficou angustiado, imaginando que havia enviado seus homens para a morte. Porém, no terceiro dia, a unidade voltou. Por onde haviam estado? Como tinham conseguido encontrar o caminho de volta? Eles disseram que haviam se perdido e aguardavam o pior. Então um deles encontrou um mapa no bolso, o que acalmou o grupo. Montaram o acampamento, esperaram a tempestade passar e, utilizando o mapa, encontraram o caminho. E lá estavam eles. Então o tenente pegou aquele precioso mapa e olhou para ele com cuidado. Descobriu, surpreso, que não era um mapa dos Alpes, mas sim dos Pirineus.[9]

A tese de Weick é de que as pessoas conseguem descobrir o seu caminho sem necessariamente ter um bom mapa ou um plano detalhado. Isso acontece porque elas "começam a agir, geram resultados tangíveis em algum contexto, e isso as ajuda a entender o que está acontecendo, o que precisa ser explicado, e o que se deve fazer na sequência". Elas não precisam ter uma visão ou objetivo claro, apenas precisam ter uma noção compartilhada do desafio ou situação problemática que estão tentando superar (no caso dos soldados, era o caminho para voltar à base). As equipes colaborativas geralmente avançam não pela execução cuidadosa de um formidável plano para atingir resultados consensuais, mas por meio da ação e dos aprendizados dela retirados. Quando as coisas vão bem, como os soldados, as pessoas fazem isso com esperança, prontidão, energia, flexibilidade e apoio mútuo.

O professor de gestão Henry Mintzberg expandiu esse princípio. Ele destaca que há duas formas opostas de se executar uma estratégia: uma estratégia clara que tenha sucesso em realizar uma intenção ou uma estratégia emergente que seja realizada na ausência ou na presença de uma intenção. Ele nota que, nas organizações, poucos gestores efetivamente conseguem implementar estratégias puramente deliberadas:

> Para que uma estratégia seja perfeitamente deliberada, ou seja, para que a estratégia executada (um padrão de ações) aconteça exatamente como pretendido, ao menos três condições precisam ser atendidas. Primeiro, deve haver intenções claramente definidas na organização, articuladas em um nível de detalhe relativamente concreto para que não haja dúvidas a respeito do que era desejado antes que as ações fossem realizadas. Em segundo lugar, como uma organização é sinônimo de ação coletiva e para afastar quaisquer possíveis questionamentos sobre o caráter organizacional das intenções, elas precisam ser comuns a praticamente todos os atores. Isso significa que ou os atores compartilham dessas intenções ou as aceitam

Tipos de estratégia

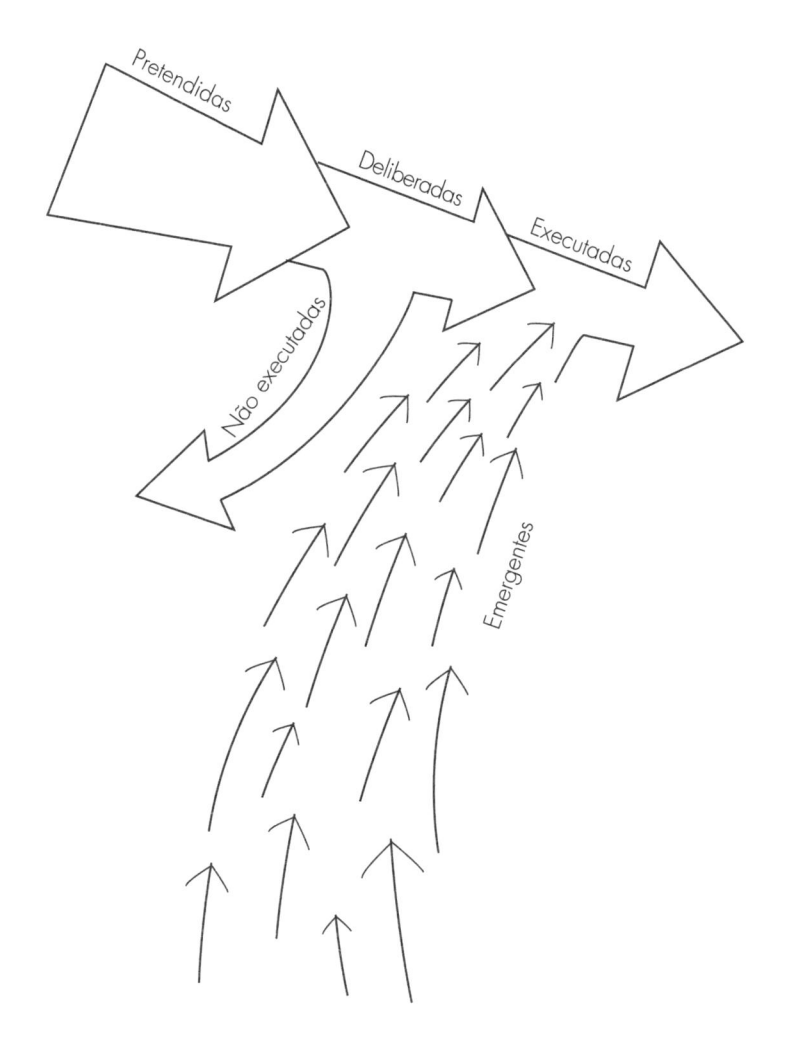

Pretendidas
Deliberadas
Executadas
Não executadas
Emergentes

quando vindas de seus líderes, provavelmente como resposta a algum tipo de controle. Terceiro, tais intenções coletivas devem ter sido executadas exatamente conforme pretendido, o que significa que nenhuma força externa (de mercado, tecnológica, política, etc.) pode ter interferido nelas. Em outras palavras, o ambiente deve ser absolutamente previsível, completamente favorável ou sob total controle da organização. Essas três condições são consideravelmente difíceis de serem atendidas, o que significa que é bem pouco provável que tenhamos estratégias perfeitamente deliberadas nas organizações.[10]

Se, em um contexto organizacional simples, tais condições já são dificilmente atendidas, em situações contenciosas e multiorganizacionais de alta complexidade, elas jamais são cumpridas. Assim, na colaboração estendida é possível avançar em processos que são eminentemente emergentes – em vez de serem deliberados.

É possível compreender as estratégias emergentes por meio da experimentação. Experimentamos as novas ideias que acreditamos que possam funcionar e aprendemos com seus resultados utilizando metodologias originadas no design, como prototipagem rápida. Então articulamos e testamos nossas premissas com o objetivo de descobrir erros já no início do processo, quando são menos complexos e mais baratos de serem corrigidos ("erre cedo, mova-se a partir do erro"). Entendemos que errar é um sucesso, não é uma falha – a falha seria deixar de agir e, consequentemente, não aprender ou adiar a ação – e, consequentemente, cometer erros maiores e que gerem custos ainda maiores. No projeto das drogas, trabalhamos dessa forma nas diversas pequenas iterações da equipe para desenvolver o relatório. Articulamos os diversos possíveis cenários em vez de focar na recomendação de apenas uma política; e introduzimos um cenário focado na experimentação de políticas.

A CRIATIVIDADE REQUER CAPACIDADE NEGATIVA

O processo de experimentação é um processo de criação. Um colega, o artista Jeff Barnum, destacou esse princípio apresentando para mim um filme feito a partir de uma sequência de fotografias de Pablo Picasso, criando uma pintura de um *matador*.[11] Picasso começa fazendo alguns rabiscos na tela e então adiciona alguns detalhes e um pouco de cor. Em seguida, ele muda e pinta sobre o que havia feito antes, e faz isso diversas vezes. Em determinado ponto, ele destrói uma linda cabeça de touro que estava pronta bem no meio da obra. Barnum explica que:

> O processo criativo é de descoberta, não de projeção de algo que já foi visto e está pronto na cabeça de alguém. Os artistas não manifestam apenas uma imagem mental pronta, eles caçam em determinado meio, dentro dos limites inerentes de suas propriedades, como aquele meio pode harmonizar com uma inspiração. Vemos Picasso destruir com a mesma vontade que cria. É necessário estar disposto a abrir mão das coisas com muita coragem, para ter a coragem de superar toda a tendência a se apegar a detalhes preciosos às custas do nascimento do todo. Picasso não está buscando uma mão graciosa ou um rosto magnífico: ele quer um todo composicional que transmita ideias e sentimentos específicos. Ele acredita que a forma serve à função. Os gestos subjacentes que são necessários consistem da bravura de abrir mão do que não está funcionando e da ousadia de propor novas soluções.

Barnum e eu conectamos esse princípio com a Teoria U, de Otto Scharmer.[12] A forma em U se refere ao trajeto de sentir, presenciar (discutido mais à frente neste capítulo) e criar: esse movimento não segue uma linha reta, um caminho direto. Barnum indica que, no início desse processo, ainda não é possível ver o que vamos criar, o que está na curva inferior da letra *U*. Temos uma ideia do que queremos atingir, mas não sabemos exatamente como chegar lá. O termo *criatividade* é utilizado tão livremente que frequentemente esquecemos sua primeira definição: criar algo que ainda não existe. O projeto sobre drogas criou um debate político internacional e oficial que ainda não existia.

A disciplina necessária para se descobrir uma forma de avançar criativamente envolve experimentar, afastar-se do objeto e olhar para o resultado, então fazer mudanças, em iterações que se repetirão diversas vezes. Eu adquiri tal disciplina ao escrever livros que, mesmo após meses pensando e criando esquemas sobre o que escrever, apenas a partir do momento em que escrevi e olhei para o resultado, consegui entender o que reescrever e qual o próximo passo a dar. Eu apenas consigo chegar a um bom texto retrabalhando um texto ruim centenas de vezes.

Para conseguir trabalhar dessa forma, é necessário olhar para um resultado ainda inadequado e ainda incompleto sem entrar em pânico ("Eu sou um desastre!") ou sem se apegar a ele ("Já deve estar bom!"). É necessário presença naquilo que está efetivamente acontecendo (em vez do que gostaríamos que estivesse acontecendo). É preciso conseguir manter nossa equanimidade em situações conflituosas e desconfortáveis em que não sabemos o que vai acontecer, quando vai acontecer – ou mesmo se dará certo. O poeta John Keats chama isso de "capacidade negativa", o que ele definiu como ser "capaz de estar em incertezas, mistérios, dúvidas sem qualquer tentativa impaciente de alcançar fato e razão".[13] Eu tive que me estender para ir além do modelo planejar-acordar-implementar no qual eu fui treinado, para me sentir confortável com "incertezas, mistérios e dúvidas" e tatear o meu caminho à frente.

Uma das razões pelas quais a colaboração estendida é tão desafiadora é que ela requer que se execute esse tipo de experimentação e iteração de maneira paciente e tranquila. E que isso seja feito não apenas individualmente, como faz um pintor ou um poeta, mas junto de nossos oponentes e inimigos em assuntos que nos são verdadeiramente importantes, sob o risco de termos nossos erros expostos publicamente.

Ouça buscando possibilidades em vez de certezas

Os membros da equipe do projeto sobre drogas conseguiram trabalhar conjuntamente para imaginar, articular e possibilitar novas opções políticas porque ouviram uns aos outros abertamente. A escuta ativa é fundamental para experimentar o caminho à frente. A escuta ativa nos permite descobrir opções que ainda não são aparentes. Significa cultivar a capacidade de ver o novo. O professor budista Shunryu Suzuki afirma que: "há muitas possibilidades na mente do principiante, mas poucas na do especialista".[14]

Quando eu estava escrevendo *Como resolver problemas complexos: uma forma aberta de falar, escutar e criar novas realidades*, Betty Sue Flowes me disse: "estou muito feliz que você esteja escrevendo sobre novas formas de escutar. A maior parte das pessoas não entende que há mais de uma forma de escutar, da mesma forma que não entendem que há mais de um tipo de mulher". Estamos acostumados a fazer distinções na função criativa, masculina, mas não na função receptiva, feminina. A chave para se aumentar a criatividade de uma colaboração é escutar ativamente os participantes do processo.

O melhor exemplo de tal mudança para a escuta criativa em minha própria experiência foi o trabalho da equipe Visão Guatemala, entre 1998 e 2000. A principal contribuição da equipe para fazer avançar seu país após o genocídio não foi o conjunto de histórias que eles concordaram em contar por meio dos cenários, ou qualquer plano ou visão que eles tenham criado. Foi a forma como muitos dos membros daquele grupo tão heterogêneo, incluindo ex-combatentes, conseguiram avançar conjuntamente nos anos seguintes em múltiplas configurações para diversas iniciativas admiráveis. Eles conseguiram fazer isso pois haviam mudado a relação que existia entre eles e, acima de tudo, a forma como escutavam uns aos outros.

A acadêmica Katrin Käufer liderou um grupo de pesquisadores que entrevistou membros dessa equipe sobre suas experiências ao trabalharem juntos.¹⁵ Ela identificou uma evolução na forma de falar e de escutar que estava alinhada ao modelo que seu colega Otto Scharmer estava desenvolvendo.¹⁶ O modelo propõe quatro maneiras distintas de falar e escutar que se diferenciam pelo lugar a partir do qual operamos. Essas quatro maneiras diferem entre si na prioridade que dão ao todo ou a múltiplas partes; se reproduzem realidades existentes ou se criam novas realidades. Empregamos essas quatro vias, por vezes intencionalmente, por vezes habitualmente, nos mais variados contextos e sequências.

No começo do primeiro *workshop* da equipe do Visão Guatemala, as pessoas estavam extremamente desconfiadas umas das outras e relutavam em se envolver. A diretora do projeto Elena Díez Pinto lembra que:

> Quando cheguei ao hotel para o almoço antes de começar a primeira reunião, a primeira coisa que eu notei foi que os indígenas estavam sentados juntos. Os militares estavam sentados juntos. O grupo de direitos humanos estava sentado junto. Eu pensei "eles não vão conversar entre si". Na Guatemala, aprendemos a ser muito educados. Tão educados que dizemos "Sim" pensando "Não". Tive medo de que seríamos tão educados que os problemas reais jamais viessem à tona.

Essa é a primeira forma de falar e escutar, que Scharmer chama de *downloading*. Nela, eu ouço a partir de mim mesmo e da minha história. Eu estou surdo para escutar outras histórias, apenas escuto o que confirma minha própria história ("Eu já sabia disso"). As falas associadas ao *downloading* são: é o que eu sempre digo, porque eu acho que ou a minha história é a única verdadeira, ou é a única que é segura, ou civilizada o suficiente para ser contada. Eu defendo que há apenas um todo (por exemplo, um objetivo, uma equipe, uma estratégia) e ignoro ou suprimo os outros. *Downloading* é o comportamento típico dos especialistas, fundamentalistas, ditadores, pessoas arrogantes, furiosas ou medrosas.

Quatro formas de falar e escutar

Criar novas realidades

Presenciar | **Dialogar**

"O que eu ouço aqui e agora é que..." | "Na minha experiência..."

Primazia do todo ←→ Primazia das partes

"A verdade é que..." | "Na minha opinião..."

Downloading | *Debater*

Repetir realidades existentes

A colaboração estendida entre pessoas que discordam entre si, não gostam ou não confiam umas nas outras sempre começa no modo *downloading* ("a verdade é que...").

Mais adiante naquele primeiro *workshop* do Visão Guatemala, a equipe expressou suas diferentes visões do que estava acontecendo no país. Um dos membros da equipe, Gonzalo de Villa, lembra que:

> A primeira rodada da primeira sessão foi extremamente negativa porque estávamos todos focando os eventos dos anos anteriores, que haviam nos marcado profundamente. Houve um momento inicial de pessimismo. De repente, um jovem se levantou e questionou nosso pessimismo de forma muito direta. Foi o momento da virada, e nós continuamente nos referimos a ele na sequência. Foi uma contribuição fundamental aquele jovem ter nos chamado de "velhos pessimistas" repentinamente.

A segunda forma de falar e escutar é *debater*. Eu ouço de fora, factual e objetivamente, como um juiz durante uma argumentação ou julgamento ("isso está certo, aquilo está errado"). As falas associadas ao debate são o embate de ideias: cada pessoa diz o que pensa, algumas pessoas e ideias vencem, outras perdem. Essa forma é mais aberta que o *downloading* porque as pessoas estão expressando diferentes visões e têm consciência de que são suas próprias opiniões, e não a verdade ("Na minha opinião...").

Durante o segundo *workshop* da equipe do Visão Guatemala, deu-se início a uma conversa extremamente densa sobre o que havia acontecido durante a guerra civil. Julio Balconi, um general aposentado do exército, tinha dificuldade em fazer com que os outros entendessem as coisas que havia feito durante a guerra. Era uma perspectiva com a qual a maior parte das outras pessoas não simpatizava. Raquel Zelaya, a Secretária da Paz encarregada de supervisionar a implementação dos Acordos de Paz, inclinou-se sobre ele e disse com gentileza: "Eu sei que ninguém se alista na academia militar para aprender a massacrar mulheres e crianças".

A terceira forma de falar e escutar é *dialogar*. Nela, escuto os outros como se estivesse dentro deles, com empatia e subjetividade ("Eu entendo a sua opinião"). As falas associadas ao diálogo são autorreflexivas ("Na minha experiência..."). Esse modo abre novas possibilidades porque trabalha diferentes *holons*, cada um deles expressando seu próprio poder e amor.

No capítulo anterior, eu escrevi sobre o *workshop* do Visão Guatemala no qual Ronald Ochaeta contou a história de quando testemunhou a exumação de uma vala comum, que foi seguida de cinco minutos de silêncio da equipe. Foi o incidente que diversos membros da equipe mencionaram posteriormente e que um deles descreveu como "uma grande comunhão".

A quarta forma de falar e escutar é *presenciar*, com um sentido específico criado pelo autor. Esse termo descreve sentir o que está no processo de surgimento (ou pressentir) durante uma presença ativa.[17] Nesse modo, eu não ouço de dentro de mim ou de outra pessoa, com as atenções voltadas a apenas uma ideia ou pessoa específica, mas com base no sistema maior ("O que eu consigo notar aqui e agora é que..."). Quando estou em um grupo que pratica o *presenciar*, é como se as fronteiras entre as pessoas desaparecessem. Quando uma pessoa fala, ela está articulando algo para todo o grupo ou sistema e, quando eu escuto, é como se o fizesse para todo o grupo ou sistema. Ochaeta não era um membro central da equipe do Visão Guatemala e, embora ele tenha contado a história, as pessoas não a ouviram como a história de Ochaeta. Elas a perceberam como uma expressão de um aspecto crucial da realidade guatemalteca ao qual eles deviam se atentar e se dirigir.

Díez Pinto e eu conversamos longamente sobre o significado desses cinco minutos de silêncio. Ela citou uma frase do *Popol Vuh*, a escritura sagrada do povo K'iche (ou Quiché): "Nós não criamos nossas ideias. Nós criamos nossos propósitos. Então entramos em acordo e decidimos". Ambos entendemos que a história de Ochaeta permitiu que as pessoas da equipe saíssem do confinamento de suas ideias e experiências individuais e encontrassem seu propósito compartilhado. Tal propósito compartilhado permitiu que trabalhassem conjuntamente durante os anos seguintes, apesar de suas diferenças. Presenciar é um sentimento compartilhado do potencial do todo que inclui e transcende nossos todos individuais.

Todos esses quatro modos de falar e escutar são legítimos e úteis. Não precisamos utilizar apenas um ou outro, mas devemos conseguir navegar com fluência e fluidez entre eles. Se passarmos todo o nosso tempo apenas fazendo *dowloading* e *debatendo*, então apenas vamos repetir realidades existentes. Continuaremos achando o mesmo que antes, fazendo o mesmo que antes. Para cocriar novas realidades, precisamos ser capazes de passar pelo menos parte do tempo *dialogando* e *presenciando*.

7

A terceira extensão é "entrar em campo"

Nós encontramos o inimigo e somos nós mesmos.

Walt Kelly, *Pogo*[1]

A terceira extensão é a maior de todas: sair do banco de reservas e entrar na partida. Nas situações complexas, se quisermos fazer com que as coisas aconteçam, não podemos ficar de fora assistindo, culpando e coagindo os outros. É necessário "entrar em campo".

Na colaboração convencional, nos concentramos em tentar mudar o que os outros estão fazendo. Essas outras pessoas podem ser externas ao processo de colaboração, mas podem ser participantes com os quais colaboramos e cujos comportamentos acreditamos que devem mudar. Tal abordagem funciona em situações simples e sob elevado controle: quando conseguimos mudar o que os outros estão fazendo. Entretanto, em situações complexas e de pouco controle, é necessário mudar o foco e olhar para o que nós mesmos estamos fazendo: como estamos contribuindo para que as coisas sejam como são e o que precisamos fazer de outro modo para mudar a forma como as coisas estão.

"Entrar em campo" significa menos distanciamento e autonomia e maior conexão e conflito. Pode ser, ao mesmo tempo, estimulante e aterrorizador.

"Eles têm que mudar!"

Entre 2005 e 2006, fui um dos líderes de uma ambiciosa colaboração para diminuir a desnutrição infantil na Índia. A Aliança Bhavishya era composta de 26 organizações, incluindo órgãos governamentais indianos, o Fundo das Nações Unidas para a Infância (Unicef), grandes empresas indianas e multinacionais e organizações não governamentais e comunitárias locais. Todas essas organizações destacaram 26 membros de suas equipes para trabalhar em tempo integral em um "laboratório social" durante oito semanas. Esse trabalho em equipe tinha como objetivo criar um conjunto de iniciativas inovadoras e interinstitucionais para reduzir a desnutrição. Tal esforço inicial lançou a Bhavishya para seis anos de trabalho com o mais absoluto sucesso em iniciativas que tiveram um impacto considerável na desnutrição na Índia, e ela se tornou um grande exemplo de colaboração multissetorial.[2]

Entretanto, o maior impacto da Bhavishya sobre mim foi o que deu errado nas primeiras oito semanas.

O laboratório começou com elevadas expectativas e pressão. As organizações participantes haviam feito grandes investimentos para que aquele projeto tão complicado fosse iniciado. Em determinado ponto, a complexidade do que estávamos organizando me sufocou, e fui me aconselhar com Arun Maira, um empresário e servidor público. Perguntei a ele o que, de fato, estávamos tentando fazer. Ele respondeu: "Você deve lembrar que, na maior parte das vezes que um grupo de líderes atores se reúne para trabalhar em um problema, todos eles acreditam que, se as outras pessoas conseguissem mudar sua forma de pensar e agir, o problema seria resolvido. Contudo, se todos os atores estão envolvidos, então não pode ser apenas culpa dos outros! A inovação verdadeira aqui é que estamos convidando esses líderes para que reflitam sobre o que precisam mudar em sua própria forma de agir".

À medida que a data de entrega das iniciativas se aproximava e o nível de estresse aumentava, eu comecei a achar que nosso projeto não teria resultados, e que minha liderança havia regredido e endurecido. Então me distanciei da equipe, e tanto meu entendimento do que estava acontecendo quanto minha capacidade de lidar conscientemente com a situação diminuíram.

Achei que, se eu tivesse maior controle sobre o nosso plano e colocasse mais pressão, eu conseguiria que o trabalho fosse concluído dentro do prazo.

No último dia de nosso processo de oito semanas, tivemos uma reunião na qual propusemos quatro iniciativas para os líderes das organizações participantes (os superiores dos membros da equipe do laboratório). Nós havíamos trabalhado muito e estávamos exaustos, porém, satisfeitos com o que havíamos conseguido atingir.

Os superiores, entretanto, tinham outra opinião. Muitos deles criticaram nossas propostas e duvidaram que elas fossem sólidas ou viáveis. Ao final do dia, praticamente nada do nosso trabalho havia sido aprovado. Todo mundo ficou perplexo e angustiado – eu fiquei arrasado.

A equipe então passou três dias analisando essa conclusão surpreendente e extremamente perturbadora para o laboratório. Todos estavam desapontados e magoados. Muitos deles me culpavam pelas coisas que haviam dado errado. Mais do que nunca em minha vida, eu me sentia humilhado e com muita raiva.

Então, voltei para casa. Todos os dias nos meses seguintes eu fiquei remoendo sobre como havia sido maltratado e como iria me vingar. Eu sabia que havia cometido erros e que deveria mudar a forma como lidava com essas situações, mas me sentia vítima da situação e achava que as outras pessoas tinham que mudar. Eu apenas deveria tentar mudar a mim mesmo se os outros também o fizessem.

Um dia eu encontrei um panfleto escrito pelo filósofo Martin Buber que continha o seguinte parágrafo:

> Essa perspectiva, na qual um homem se vê apenas como um indivíduo contrastado com outros indivíduos, não como uma pessoa genuína cuja transformação ajuda a transformar

o mundo, contém uma falha fundamental. O mais essencial é estar consigo mesmo e, nesse momento, um homem não tem nada no mundo para se preocupar além desse princípio. Qualquer outra atitude o distrairia do que ele está para começar, enfraqueceria sua iniciativa e, consequentemente, frustraria todo seu ambicioso projeto.[3]

Ao ler isso, vi que estava cometendo exatamente esse erro fundamental: estava me afastando do que precisava fazer. Não seria útil focar o que eles, as pessoas que eu via como inimigos, deveriam estar fazendo. Eu deveria me concentrar no que eu poderia estar fazendo de maneira diferente para de fato enfrentar os desafios que encarava.

É esse padrão de comportamento que venho observando em mim e nos outros. Quando enfrentamos uma situação desafiadora, primeiro voltamos nossa atenção ao que as outras pessoas estão ou não fazendo, ou ao que deveriam estar fazendo. Como Arun Maira me disse, nossa forma de pensar habitualmente é que *"eles* têm que mudar!"*.* Os outros que queremos que mudem podem estar distantes ou próximos de nós; podem ser determinadas pessoas ou populações indistintas; pessoas a quem consideramos amigos ou inimigos. O humorista Jerome K. Jerome escreveu que: "eu gosto do trabalho, sou fascinado pelo trabalho. Eu posso sentar e ficar olhando para ele por horas a fio".[4] Culpar os outros é uma forma comum e preguiçosa de fugir do seu trabalho.

A pergunta sobre colaboração que mais frequentemente me fazem é: "Como faço para que eles...". Essa pergunta denota um modelo mental hierárquico e que vê o mundo em preto e branco: nós *versus* eles; amigos *versus* inimigos; heróis *versus* vilões; bem *versus* mal; inocente *versus* culpado. Entretanto, na colaboração estendida não hierárquica e não controlada, é impossível forçar alguém a fazer alguma coisa; é necessário outra abordagem.

Culpamos e inimizamos outras pessoas para nos defendermos e para nos definirmos. Enxergamo-nos de forma egocêntrica como os protagonistas do núcleo da trama que está se desenrolando ao redo de nós. Quando é necessário enfrentar um desafio, reagimos como se fosse um ataque pessoal contra o qual precisamos nos defender. Temos medo de sermos machucados, então nos distanciamos e nos blindamos afirmando que estamos certos e que os outros estão errados. Temos medo de que, se colaborarmos com outras pessoas, seremos contaminados ou comprometidos, de que iremos trair aquilo que defendemos e quem somos.

O filósofo René Girard afirma que criamos inimigos como forma de evitar lidar com o conflito dentro de nossas comunidades ou dentro de nós mesmos, como explicado em um artigo da *Raven Review*:

> Nós... controlamos nosso conflito interno projetando nossa violência sobre a comunidade, como bode expiatório... O uso com sucesso de um bode expiatório depende da crença da comunidade de que eles encontraram a causa e a cura para seus problemas nesse "inimigo". Uma vez que o inimigo é destruído ou expulso, [a comunidade vivencia] uma sensação de alívio, e a calma é restaurada. Porém, a calma é temporária, dado que o bode expiatório não era a real causa ou cura do conflito que levou à sua expulsão... Muito frequentemente, nossa identidade e, em especial, nosso senso de bondade depende de sermos... contra algo ou alguém... Precisamos que o outro seja muito malvado para sabermos que somos bons, pouco importando o fato de os outros serem ou não malvados.[5]

A questão da inimização não é que nunca tenhamos inimigos. Frequentemente vamos encontrar pessoas e situações que nos apresentam dificuldades e perigos. Além disso, quaisquer esforços que façamos para efetivamente implementar uma mudança no mundo criará desconforto, resistência e oposição. O problema real da inimização é que ela nos distrai e nos desequilibra. Não é possível, portanto, evitar os outros a quem consideramos um desafio. Devemos apenas decidir, dados os desafios, quais serão nossos próximos passos.

SE VOCÊ NÃO FAZ PARTE DO PROBLEMA, NÃO PODE FAZER PARTE DA SOLUÇÃO

Há duas formas por meio das quais podemos entender nossa relação e nosso papel em uma determinada situação. Uma delas é ver nosso papel como o de um diretor de um espetáculo, que orienta os atores em cena, ou como um espectador, que assiste ao espetáculo. Em ambos os casos, nos percebemos distanciados da situação ou criando a partir do alto (o diretor). Os atores são os criadores do espetáculo, mas o diretor é o líder supremo, o supercriador.

A segunda forma de perceber nosso papel é como ator ou espectador dos espetáculos do diretor brasileiro de teatro Augusto Boal, nos quais a plateia também participa e influencia a ação que está se desenrolando no palco.[6] Nesses casos, nos vemos como parte da situação e estando dentro dela, somos um dos cocriadores participantes do que está acontecendo.

Na colaboração estendida, somos os cocriadores e, nesse papel, conseguimos tomar boas decisões sobre o que fazer para influenciar a situação apenas à medida que conseguimos equilibrar a nós mesmos.

O desequilíbrio surge em nós quando deixamos de olhar para nós mesmos, focando no que os outros deveriam estar fazendo, em vez de pensar em nossas próprias ações. O ganho exponencial que obtemos mudando esse foco é que nos libertamos e tomamos para nós a capacidade de agir: temos uma oportunidade real de implementar a mudança. Em vez de culpar os outros, pressionar, coagir ou esperar que eles façam o seu trabalho, o que raramente funciona, nós mesmos podemos colocar a mão na massa.

Será necessário perceber nosso papel e responsabilidade para conseguir avançar em nosso próprio trabalho. Bill Torbert, um estudioso sobre liderança, uma vez me disse que: "o ditado ativista de que 'se você não é parte da solução, é parte do problema' deixa de lado um fato muito importante: de que, se você não faz parte do problema, então não pode fazer parte da solução". A menos que possamos entender como o que estamos fazendo pode contribuir

Duas formas de se relacionar com uma situação

Você pode ser o **diretor** ou o **espectador** dos atores em determinada situação. Você está distanciado (acima ou do lado de fora).

Você é **um dos cocriadores** da situação, você faz parte dela (do lado de dentro).

para nossa situação, não haverá forma de mudar essa situação, exceto vindo de cima e com o uso da força.

Portanto, a colaboração estendida requer que nós mesmos nos consideremos parte da situação que estamos tentando enfrentar, e não algo fora dela. Posso ligar para casa e dizer que me atrasarei "porque estou preso no trânsito" ou "porque sou parte do trânsito". Esse segundo caminho explicitamente abre opções para trabalhar com outras pessoas e mudar a situação.

Também nos tornamos desequilibrados no sentido oposto, à medida que nos vemos como o centro do mundo. O egocentrismo significa que, de forma arrogante, superestimamos a correção e o valor das nossas próprias perspectivas e ações, e que subestimamos as perspectivas e as ações alheias.

Isso impede a colaboração, visto que distorce nosso entendimento da situação na qual estamos inseridos e do que é necessário fazer, além de criar conflitos com aqueles que estamos diminuindo.

Quando estamos com medo de perder nossa posição e identidade, nos retraímos para dentro de nós mesmos. Muito mais que apenas ter medo de errar, temos medo de ser um completo fracasso. Além disso, muitas de nossas mais valiosas identidades (especialista, profissional, autoridade, líder, herói) impedem a colaboração por nos colocarem hierarquicamente acima ou nos afastarem dos outros. Colaborar com outras pessoas, especialmente com aquelas que discordam de nós, não gostam ou não confiam em nós requer que nos coloquemos ao seu lado como pares, como semelhantes. Como disse Anja Koehne, requer que abandonemos a ideia de "se sentir superior como condição de existência."

Arun Maira frequentemente me lembrava das armadilhas do egocentrismo. Uma vez, ele me repreendeu dizendo: "Você não deve levar tanto as coisas para o lado pessoal. Elas acontecem e você tem que lidar com elas. Não ajuda em nada que você ache que tudo é sobre você". Em uma outra oportunidade, eu perguntei a ele como poderíamos saber se os trabalhos de larga escala que estávamos desenvolvendo estavam causando um impacto. Ele respondeu: "É egoísta querer provar que está fazendo a diferença.

Tenha em mente o principal ensinamento do *Bhagavad Gita*: 'o trabalho é seu, mas não seus frutos'".[7] Esse conselho me liberou para conseguir realizar meu trabalho de forma conscienciosa, mas sem tomar para mim a responsabilidade sobre os resultados que eu não teria como controlar.

EM VEZ DE UMA GALINHA, SEJA UM PORCO

A essência da terceira extensão é tomar para nós a responsabilidade por nosso papel na situação que estamos tentando mudar e, portanto, no que precisamos fazer de diferente para que a situação mude. Essa extensão é desafiadora porque requer que assumamos o risco de nos engajarmos totalmente na situação e, por conta disso, sermos mudados ou feridos por ela. Ela requer que estejamos prontos a abrir mão do que nos é conhecido, familiar, confortável e seguro. Há um provérbio que diz que "Em um omelete de presunto, a galinha está envolvida mas o porco está totalmente comprometido." A colaboração estendida requer que sejamos porcos, muito mais que apenas galinhas.

Quinze anos atrás, eu realizei uma série de *workshops* com o colega paraguaio Jorge Talavera. Como meu espanhol não era muito bom e o inglês dele também não, nossa comunicação tinha que ser curta e objetiva. Nos seminários, estávamos prestando muita atenção nos momentos em que o trabalho da equipe repentinamente começasse a avançar, o que nós chamamos de *"el click"*. Tal clique era o momento que os membros da equipe viam, geralmente com surpresa e então com consternação, que, para que a situação na qual estavam trabalhando mudasse, seria necessário que eles mesmos, e não apenas os outros, mudassem.

Eu notei o impacto desse clique em meu próprio trabalho. Quando eu comodamente culpo as outras pessoas pelo que está acontecendo, me sinto infeliz e sem saída. Porém, quando entendo o que posso fazer na situação e me comprometo com isso, me sinto alerta e energizado. Isso não quer dizer que eu sempre consiga mudar o que está acontecendo – mas eu tenho sucesso com maior frequência. Os projetos nos quais eu realmente mergulhei de cabeça (incluindo o Bhavishya e os outros que relatei neste livro) foram os que tiveram o maior impacto sobre mim e mais me ensinaram.

A prática essencial para "entrar no jogo" é, portanto, olhar para nós mesmos. Quando notamos que estamos culpando os outros, focando no que estão fazendo e naquilo que esperamos ou exigimos que mudem, precisamos voltar nossa atenção para nós mesmos, para o que estamos fazendo e como podemos mudar. Às vezes, o que precisamos fazer é tentar influenciar os outros – o que significa que estaremos tomando para nós a responsabilidade e buscando mudar nós mesmos a situação na qual estamos todos inseridos. Sempre que notarmos que fomos distraídos pelos outros, devemos pensar em uma simples pergunta: o que fazer agora?

Conclusão: como desenvolver flexibilidade

Este livro clama por mais ações coletivas e por maior responsabilidade individual. Ele sustenta que, cada vez mais, em todas as esferas (em casa e no trabalho; nas questões nacionais e globais) para que as coisas sejam resolvidas, é necessário colaborar. Não apenas entre colegas e amigos, mas também com oponentes e inimigos. Esta obra também defende que, para sermos capazes de colaborar em tais contextos contenciosos e de alta complexidade, é necessário ter flexibilidade.

Até aqui, este livro apresentou ideias sobre como ter flexibilidade. O propósito desta conclusão é ajudar você a colocar essas ideias em prática.

A colaboração estendida é uma forma não convencional de trabalhar com outras pessoas que envolve basicamente três mudanças.

A primeira extensão é aceitar o conflito e a conexão. Ela requer que você empregue duas motivações complementares em vez de escolher apenas uma delas: *poder*, a motivação da autorrealização que é expressa na assertividade; *amor*, a motivação da reunificação, que se expressa no engajamento. É necessário utilizar ambas as motivações alternadamente, e não simultaneamente.

A segunda extensão é experimentar dar um passo adiante. Ela requer que você utilize as abordagens de *dialogar* e *presenciar*, que permitem que novas possibilidades surjam, em vez de apenas fazer *dowloading* e *debater*, que reforçam o *status quo*. Isso vai requerer que você abra sua forma de falar e escutar.

A terceira extensão é "entrar em campo". Ela requer que você mergulhe de cabeça na ação com disposição para mudar a si mesmo, em vez de apenas permanecer fora da situação ou acima dela enquanto tenta mudar o que os outros fazem.

A maioria das pessoas acha tais extensões estranhas e desconfortáveis porque elas requerem a mudança de comportamentos arraigados. A forma de aprender novos comportamentos é praticando-os repetidas vezes. E a forma de começar a praticar é experimentar algumas ações simples, prestar atenção no que funciona e não funciona, ajustar, repetir e construir com base nisso.

É necessário agir com curiosidade e abertura: como nos espetáculos de improvisação, diga sim e se permita ser mudado pelo que acontece. Também requer autorreflexão inabalável para observar o que você está fazendo e o impacto que está causando. Peça retorno de alguém que o conhece bem e que queira ajudar.

Aqui vai um programa de seis semanas de exercícios que você pode fazer para começar a praticar as três extensões.[1] Você precisará das seguintes coisas:

❏ disposição para tentar coisas novas;

❏ senso de humor;

❏ lápis e papel (ou outra forma de fazer anotações);

❏ um colega ou amigo.

Você pode fazer estes exercícios sozinho com a outra pessoa lhe dando retorno. Ou você pode fazer os exercícios junto com outra pessoa ou grupo, o que permitirá que você também aprenda com suas experiências.

Uma coisa muito importante durante sua execução é dedicar um pouquinho de tempo todos os dias para anotar suas observações e reflexões. Faça isso em um caderno, celular ou computador, como você preferir. O importante aqui é reservar um tempinho a cada dia para refletir, já que é essencial construir consciência dos comportamentos atuais para criar novos comportamentos. Algumas pessoas preferem fazer essas anotações todos os dias no mesmo horário – por exemplo, à noite. Se você preferir ter uma visão geral antes de começar, primeiro leia todas as atividades. Ou então vá direto para o primeiro exercício para que a visão geral seja construída à medida que você avançar.

Semana 1: Primeira extensão
Estabeleça um parâmetro para seu uso de poder e amor.

1. Pense em todo o tempo que você passa colaborando (trabalhando com outras pessoas) em casa, no trabalho e em sua comunidade. Estime quanto desse tempo você passa utilizando predominantemente poder e afirmação e utilizando secundariamente amor e engajamento, e quanto tempo você passa fazendo o contrário. Esses dois números devem somar 100%. Seja honesto nessa autoavaliação, que deve refletir como você realmente age, e não como gostaria de que estivesse agindo.

    » *Quando você trabalha com outras pessoas, qual percentual do seu tempo você passa utilizando predominantemente poder e afirmação?*

    » *Qual percentual do seu tempo você passa utilizando predominantemente amor e engajamento?*

    » *Quais dessas duas formas de agir lhe é mais fácil?*

    » *Você muda essas formas de agir nos diferentes contextos, por exemplo, em casa, no trabalho e em sua comunidade?*

2. Peça que a outra pessoa o avalie respondendo por escrito as questões acima (e que ela faça isso antes de você mostrar sua autoavaliação).

3. Reúna-se com a outra pessoa.

   » Compartilhe sua autoavaliação.

   » Ouça sua avaliação feita pela outra pessoa.

   » Discutam as diferenças sobre as duas avaliações.

   » Tome notas.

   » Combinem quando conversarão novamente na semana seguinte.

4. Durante uma semana, observe suas ações enquanto trabalha com outras pessoas. Reserve um tempinho a cada dia para anotar suas percepções e reflexões.

5. Ao final de uma semana, compare suas observações com as avaliações iniciais que você e a outra pessoa fizeram. Anote suas descobertas.

6. Converse com a outra pessoa, compartilhe suas percepções e descobertas e peça retorno.

SEMANA 2: PRIMEIRA EXTENSÃO
Equilibre seu uso de poder e amor fortalecendo sua motivação mais fraca em vez de enfraquecer sua motivação mais forte.

1. Liste as ações que você tomou durante a Semana 1 e que expressavam o seu lado mais fraco: a forma de agir (engajando ou se afirmando) que você utilizou menos e que lhe faz sentir menos confortável.

2. Escolha três dessas ações para praticar nesta semana. Seu objetivo é utilizar e fortalecer seu lado mais fraco, especialmente quando você acredita que possa correr o risco de estar utilizando demais seu lado mais forte.

CONCLUSÃO: COMO DESENVOLVER FLEXIBILIDADE 129

3. Conte para a outra pessoa as ações que você vai praticar nesta semana, e peça retorno.

4. Durante o resto da semana, enquanto estiver trabalhando com outras pessoas, pratique essas três ações. Guarde um tempinho a cada dia para anotar suas percepções e descobertas.

5. Ao final da semana, converse com a outra pessoa, compartilhe suas percepções e descobertas e peça retorno.

SEMANA 3: SEGUNDA EXTENSÃO
Estabeleça um parâmetro de como você fala e escuta.

1. Pense no tempo que você passa colaborando (trabalhando com outras pessoas) em casa, no trabalho e em sua comunidade. Estime quanto desse tempo você passa utilizando cada uma das quatro formas de falar e escutar (os quatro valores devem somar 100%). Seja honesto nessa autoavaliação, ela deve representar como você está agindo agora, não como você gostaria de agir.

» *Quando você está trabalhando com outras pessoas, qual percentual do tempo você passa fazendo* downloading *(falando o que é verdade, seguro ou civilizado em vez de ouvir as outras pessoas)?*

» *Qual percentual do seu tempo você passa* debatendo *(falando o que você realmente acha e ouvindo para julgar o que está correto)?*

» *Qual percentual do seu tempo você está* dialogando *(falando suas motivações e escutando as motivações dos outros)?*

» *Qual percentual do seu tempo você está* presenciando *(falando e escutando o que você percebe como emergente em sua situação como um todo)?*

» *Qual dessas formas de agir faz você se sentir mais confortável? Qual faz você se sentir menos confortável?*

» *Sua utilização dessas formas de agir muda nos diferentes contextos (por exemplo, em casa, no trabalho e em sua comunidade)?*

2. Peça que a outra pessoa o avalie respondendo por escrito as questões anteriores (e que ela faça isso antes de você compartilhar sua autoavaliação).

3. Reúna-se com a outra pessoa.

» *Compartilhe sua autoavaliação.*

» *Ouça sua avaliação feita pela outra pessoa.*

» *Discutam as diferenças sobre as duas avaliações.*

» *Tome notas.*

» *Combinem quando conversarão novamente na semana seguinte.*

4. Durante a semana, quando estiver trabalhando com outras pessoas, preste atenção na forma como você fala e escuta. Faça isso utilizando exatamente os trechos de frases a seguir. Quando for fazer *downloading*, comece suas frases com "A verdade é que...". Quando for *debater*, comece suas frases com "Na minha opinião...". Quando for *dialogar*, comece suas frases com "Na minha experiência...". E quando for *presenciar*, comece suas frases com "O que eu consigo notar aqui e agora é que...". Reserve um tempinho todos os dias para anotar suas observações e reflexões.

5. Ao final da semana, compare suas observações com as avaliações iniciais feitas por você e pela outra pessoa, e anote suas descobertas.

6. Converse com a outra pessoa, compartilhe suas observações e descobertas e peça retorno.

CONCLUSÃO: COMO DESENVOLVER FLEXIBILIDADE 131

SEMANA 4: SEGUNDA EXTENSÃO
Afaste sua fala e sua escuta dos modos downloading *e* debate, *favoreça* dialogar *e* presenciar.

1. Durante uma semana, quando estiver trabalhando com outras pessoas, apenas *dialogue* e *presencie*. Quando você notar que está fazendo *downloading* ou *debate*, mude para *dialogar* ("Na minha experiência...") ou *presenciar* ("O que eu consigo notar aqui e agora é que..."). Reserve um tempinho a cada dia para escrever suas observações e reflexões.

2. Ao final de cada semana, converse com a outra pessoa, compartilhe suas observações e descobertas e peça retorno.

SEMANAS 5 E 6: TERCEIRA EXTENSÃO
Saia do banco de reservas e "entre em campo".

1. Pense em um projeto ou iniciativa colaborativa (em casa, no trabalho ou em sua comunidade) no qual você está envolvido e que parece estar emperrado.

2. Escreva descrições do que está acontecendo nesse projeto a partir de duas diferentes perspectivas:

   » *A primeira descrição é como se você observasse ou dirigisse a situação do lado de fora. Descreva em detalhes o que as outras pessoas estão fazendo que contribui para que a situação esteja no estado atual. Descreva o que eles precisam mudar para que a situação saia da inércia e avance.*

   » *A segunda descrição é como se você estivesse participando e cocriando a situação do lado de dentro. Descreva em detalhes o que você está fazendo que contribui para que a situação esteja no estado atual. Descreva o que você precisa mudar para que a situação saia da inércia e avance.*

3. Agora, liste todas suas ações atuais relacionadas a esse projeto, sejam elas pequenas ou grandes. Item a item, analise o que é cada ação e busque entender se você está executando-a a partir da primeira perspectiva (espectador ou diretor) ou da segunda (participante ou cocriador).

4. Compartilhe suas duas descrições e sua lista de ações com a outra pessoa, e peça retorno. O que ela acredita ser claramente visível e esclarecedor? O que ela acredita estar equivocado ou faltando?

5. Escolha duas ações de sua lista que estejam dentro da primeira perspectiva (espectador ou diretor). Decida, para cada uma delas, se você vai abandonar (parar de executar sem substituir) ou adaptar (para que continue atendendo sua função) sua execução para fortalecer seu papel de cocriador.

6. Escolha outra ação de sua lista que esteja dentro da segunda perspectiva (cocriador). Pense em como você poderá fortalecer sua execução para fortalecer seu papel de cocriador.

7. Nas duas semanas seguintes, implemente essas três mudanças em suas ações. Reserve um tempinho a cada dia para anotar suas observações e reflexões.

8. Ao final de cada semana, converse com a outra pessoa, compartilhe suas observações e descobertas e peça retorno.

O CAMINHO PARA AVANÇAR

Após praticar esses novos comportamentos por algum tempo e se sentir mais confortável com eles, você poderá tentar experimentar essas abordagens em situações mais complexas e conflituosas.

Algumas vezes, suas ações produzirão os resultados que você deseja, algumas vezes, não. Seu objetivo não é colaborar impecavelmente; afinal, isso não seria possível em um contexto social. Seu objetivo é ganhar maior consciência do que está fazendo e do impacto de suas ações, e conseguir adaptar e aprender com mais agilidade. Dessa forma, você irá do estado de incompetência inconsciente para o estado de incompetência consciente, para então atingir a competência consciente e, finalmente, a competência inconsciente.

O obstáculo primordial que você vai enfrentar ao aprender a ter flexibilidade é superar a familiaridade e o conforto de sua forma habitual de fazer as coisas. Você precisará se afastar de uma forma normativa "deve ser assim" para uma forma subjuntiva "poderia ser assim". Você precisará se desapegar de suas próprias opiniões, posições e identidades sacrificando o seu eu menor e estrito em favor de seu eu maior e mais livre. Portanto, tais extensões podem ser assustadoras ou libertadoras.

Sobre a arte marcial de empurrar as mãos, o professor de Tai Chi Wolfe Lowenthal diz que:

> Não importa a força ou resistência do oponente. Nossa incapacidade de lidar com ele utilizando suavidade indica nossos próprios bloqueios. A exploração e a possível dissolução dos bloqueios – e não a vitória – é o objetivo de se empurrar as mãos. O "jogo" que você realmente deveria estar jogando é consigo mesmo, enfrentando a expressão física das questões das quais nos escondemos em nossas próprias vidas. Nesse confronto com o eu, há a possibilidade de progresso. Agradecemos nosso oponente por nos dar essa oportunidade.[2]

Logo, ao aprender a colaborar, as pessoas que você entende como inimigos podem, surpreendentemente, ter uma função de grande utilidade. A flexibilidade exige que você se aproxime das pessoas que são diferentes – não que você se afaste delas. Você vai aprender mais nas situações em que tiver maiores dificuldades: quando os outros não fazem o que você quer, forçando você a fazer uma pausa e encontrar uma nova forma de avançar.

Seus inimigos podem ser seus maiores mestres.

Notas

Todas as citações nesta obra que não estão listadas aqui são de comunicações pessoais.

Capítulo 1: Colaborar: cada vez mais necessário e mais difícil

1. THOMAS, Lewis. On the Uncertainty of Science. *Key Reporter*, Washington D.C., v. 46, n. 1, p. 10, outono de 1980.
2. COX, Ana Marie. Aasif Mandvi Knows how to Make America Great Again. *New York Times*, Nova York, 4 out. 2016.
3. WINCHELL, Walter. Walter Winchell on Broadway. *Laredo Times*, Laredo, 9 nov. 1949.
4. THE CONCISE OXFORD Dictionary of Current English. Oxford: Oxford University Press, 1983.

Capítulo 2: Colaborar não é a única opção

1. GIMIAN, James & BOYCE, Barry. *The Rules of Victory: how to Transform Chaos and Conflict — Strategies from the Art of War*. Boston: Shambhala, 2008, p. 11.
2. KAHANE, Adam. *Planejamento de cenários transformadores: trabalhando juntos para mudar o futuro*. São Paulo: Editora Senac São Paulo, 2013.
3. HAMILTON, Hal. System Leaders for Sustainable Food. *Stanford Social Innovation Review*, Stanford, inverno de 2015. Ver também www.sustainablefoodlab.org. Acesso em 19 dez. 2017.

Capítulo 3: A colaboração estrita e convencional está se tornando obsoleta

1. KEYNES, John Maynard. *Teoria geral do emprego, juros e dinheiro*. São Paulo: Saraiva, 2014.

2. HEIJDEN, Kees van der. *Planejamento por cenários: a arte da conversação estratégica*. Porto Alegre: Bookman, 2009.

3. RITTEL, Horst W. J. & WEBBER, Melvin M. Dilemmas in a General Theory of Planning. *Policy Sciences*, Amsterdã: Elsevier, v. 4, n. 2, 1973, p. 155.

4. LEICESTER, Graham & O'HARA, Maureen. *Ten Things to Do in a Conceptual Emergency*. Fife: International Futures Forum, 2003, p. 5.

5. BERLIN, Isaiah. *Uma mensagem para o século XXI*. Veneza: Âyiné, 2016.

6. FULWILER, Michael. *Managing Conflict: Solvable vs. Perpetual Problems*. Disponível em https://www.gottman.com/blog/managing-conflict-solvable-vs-perpetual-problems/. Acesso em 19 dez. 2017.

Capítulo 4: A colaboração não convencional e estendida está se tornando essencial

1. GIDE, André. *Os moedeiros falsos*. São Paulo: Saraiva, 2009.

2. SANTOS, Juan Manuel. Presentacíon. In: KAHANE, Adam. *Poder y Amor: Teoría y Práctica para el Cambio Social*. La Paz: Plural, 2011. Ver também KAHANE, Adam. *Poder e amor: teoria e prática da mudança social*. São Paulo: Editora Senac São Paulo, 2010.

3. KAHANE, Adam. *Planejamento de cenários transformadores: trabalhando juntos para mudar o futuro*. São Paulo: Editora Senac São Paulo, 2013.

4. SIEMPRE en Búsqueda de la Paz. Bogotá: Gobierno de Colombia, 7 out. 2016. Disponível em http://es.presidencia.gov.co/sitios/busqueda/noticia/161007-Siempre-en-busqueda-de-la-paz/Noticia. Acesso em 19 dez. 2017.

Capítulo 5: A primeira extensão é aceitar o conflito e a conexão

1. COHEN, Leonard. Different Sides. *Old Ideas*. Nova York, Columbia Records, 2012. 1 CD.

2. PINTO, Elena Díez et al. *Los escenarios del futuro*. Cidade da Guatemala, Guatemala: Visión Guatemala, 1999. Ver também PINTO, Elena Díez. Building Bridges of Trust: Visión Guatemala, 1998-2000. Em KÄUFER, Katrin et al. *Learning Histories: Democratic Dialogue Regional Project, Working Paper 3*. Nova York: Escritório Regional para a América Latina e o Caribe, 2004.

CARIBE DO PROGRAMA das Nações Unidas para o Desenvolvimento, 2004. Ver também KAHANE, Adam. *Poder e amor: teoria e prática da mudança social*. São Paulo: Editora Senac São Paulo, 2010.

3. PINTO, Elena Díez. Building Bridges of Trust: Visión Guatemala, 1998-2000. Em KÄUFER, Katrin *et al*. *Learning Histories: Democratic Dialogue Regional Project, Working Paper 3*. Nova York: Escritório Regional para a América Latina e Caribe do Programa das Nações Unidas para o Desenvolvimento, 2004.

4. SUZUKI, David. *Imagining a Sustainable Future: Foresight over Hindsight*. Aula de Jack Beale sobre o meio ambiente global. Universidade de Nova Gales do Sul, 21 de setembro de 2013.

5. KOESTLER, Arthur. *O fantasma da máquina*. Rio de Janeiro: Jorge Zahar, 1969.

6. KAHANE, Adam (org.). *Possible Canadas: Perspectives on our Pasts, Presents, and Futures*. Montréal: Possible Canadas Possibles, 2015. Disponível em https://mcconnellfoundation.ca/wpcontent/uploads/2017/08/PossibleCanadas_English.pdf. Acesso em 19 dez. 2017.

7. KAHANE, Adam. *Poder e amor: teoria e prática da mudança social*. São Paulo: Editora Senac São Paulo, 2010. Ver também TILLICH, Paul. *Amor, poder e justiça: análises ontológicas e aplicações éticas*. São Paulo: Fonte Editorial, 2004.

8. OSHRY, Barry. *Power without Love and Love without Power: A Systems Perspective*. Artigo não publicado, 2009.

9. KING JR., Martin Luther. *Where Do We Go from Here*. Discurso na Conferência da Liderança Cristã do Sul. Atlanta, Geórgia, 16 ago. 1967.

10. CARO, Robert. *Master of the Senate: the Years of Lyndon Johnson*. Nova York: Vintage, 2003.

11. JOHNSON, Barry. *Polarity Management: Identifying and Managing Unsolvable Problems*. Amherst: HRD Press, 2014.

12. HILLMAN, James. *Tipos de poder: um guia para o uso inteligente do poder nos negócios*. São Paulo: Axis Mundi, 2011.

13. HOLLING, Crawford S. Understanding the Complexity of Economic, Ecological, and Social Systems. Em *Ecosystems*, v. 4, n. 5, ago. 2001, pp. 390-405. Este processo evolutivo é explicado pelo ciclo análogo, porém diverso, descrito pelo ecologista C. S. Holling nesse

texto sobre resiliência sistêmica. Nele, períodos de crescimento estável e previsível e consolidação são interrompidos por períodos mais curtos de desestabilização, inovação imprevisível e reorganização.

Capítulo 6: A segunda extensão é experimentar dar um passo adiante

1. MACHADO, Antonio. "Campos de Castilla". Em *Proverbios y cantares, XXIX*. Madri: Editorial Poesia eres tu, 2006.

2. THE WAR on Drugs: Are We Paying too High a Price? In: *Count the Costs: 50 Years of the War*, Bristol: Count the Costs, 2013. Disponível em http://www.countthecosts.org/sites/default/files/War%20on%20 Drugs%20-%20Count%20the%20Costs%207%20cost%20summary. pdf. Acesso em 19 dez. 2017.

3. SANTOS, Juan Manuel. "Consumer Countries Should Take More Effective Measures to Reduce the Demand for Illicit Drugs", 22 de novembro de 2011.

4. CENÁRIOS DO PROBLEMA das drogas nas Américas 2013-2025 (Washington, DC: Organização dos Estados Americanos, 2013). Disponível em http://reospartners.com/wp-content/uploads/ old/Cenarios%20do%20Problema%20das%20Drogas%20nas%20 Americas.pdf. Acesso em 19 dez. 2017.

5. DECLARACIÓN DEL PRESIDENTE Juan Manuel Santos después de recibir el informe 'El problema de las drogas en las Américas' por parte de la Organización de Estados Americanos", 17 de maio de 2013, es.presidencia.gov.co.

6. INSULZA, José Miguel. *The OAS Drug Report: 16 Months of Debates and Consensus*. (O relatório sobre drogas da OeA: 16 meses de debates e consensos). Washington, D.C.: Organização dos Estados Americanos, 2014, p. 3.

7. SENGE, Peter *et al*. *A dança das mudanças*. Rio de Janeiro: Elsevier, 1999.

8. Citado em HEINZEN, Barbara. *Feeling for Stones: Learning and Invention when Facing the Unknown*. Londres: Barbara Heinzen, 2006.

9. WEICK, Karl E. *Making Sense of the Organization*. Oxford: Blackwell Publishing, 2001, pp. 345-346.

10. MINTZBERG, Henry & WATERS, James A. "Of Strategies, Deliberate and Emergent", *Strategic Management Journal* 6, n. 3, 1985, p. 257.
11. CLOUZOT, Henri-Georges. *O mistério de Picasso*. Wonder Multimídia, filme de 1956.
12. SCHARMER, C. Otto. *Teoria U: como liderar pela percepção e realização do futuro emergente*. Rio de Janeiro: Campus, 2010.
13. KEATS, John. *The Complete Poetical Works and Letters of John Keats*. Boston: Houghton, Mifflin and Company, 1899, p. 277.
14. SUZUKI, Shunryu. *Mente zen, mente de principiante*. São Paulo: Palas Athena, 2004, p. 1.
15. KÄUFER, Katrin. "Learning from the Civic Scenario Project: A Tool for Facilitating Social Change?". Em KÄUFER, Katrin *et al.*, *Learning Histories: Democratic Dialogue Regional Project*. Nova York: UNDP, 2004.
16. SCHARMER, C. Otto. *Teoria U: como liderar pela percepção e realização do futuro emergente*. Rio de Janeiro: Campus, 2010, p. 267.
17. SENGE, Peter; SCHARMER, Otto; JAWORSKI, Joseph & FLOWERS, Betty Sue. *Presença: propósito humano e o campo do futuro*. São Paulo: Cultrix, 2007.

Capítulo 7: A terceira extensão é "entrar em campo"

1. WIKIPÉDIA. "Pogo". Disponível em https://pt.wikipedia.org/wiki/Pogo. Acesso em 20 dez. 2017.
2. THE BHAVISHYA Alliance: Legacy and Learning from an Indian Multi-sector Partnership to Reduce Child Undernutrition, relatório do projeto, abril de 2012. Ver também KAHANE, Adam. *Poder e amor: teoria e prática da mudança social*. São Paulo: Editora Senac São Paulo, 2010; e HASSAN, Zaid. *The Social Labs Revolution: A New Approach to Solving our Most Complex Challenges*. San Francisco: Berrett-Koehler Publishers, 2014.
3. BUBER, Martin. *O caminho do homem: segundo o ensinamento chassídico*. São Paulo: É Realizações, 2012.
4. JERÔME, Jerome K. *Três homens num barco*. Lisboa: Alma dos Livros, 2016.

5. "AN INTRODUCTION to Mimetic Theory" e "Scapegoating", *Raven Review*. Disponível em https://www.ravenfoundation.org/faqs/. Acesso em 20 dez. 2017.

6. BOAL, Augusto. *Teatro do oprimido e outras poéticas políticas*. São Paulo: Cosac Naify, 2013.

7. BHAGAVAD GITA. Trad. Huberto Rohden. São Paulo: Martin Claret, 2012.

Conclusão: como desenvolver flexibilidade

1. Estes exercícios foram desenvolvidos por meu colega Ian Prinsloo com informações e testes feitos por Lucilene Danciguer, Nicole Endicott, Karin Hommels, Anaí Linares Méndez, Mariana Miranda, Elizabeth Pinnington, Monica Pohlmann, Manuela Restrepo e Mahmood Sonday.

2. LOWENTHAL, Wolfe. *There Are no Secrets: Professor Cheng Manch'ing and His Tai Chi Chuan*. Berkeley: North Atlantic Books, 1991, p. 19.

Agradecimentos

*D*esenvolver este livro foi uma admirável experiência de colaboração generativa e generosa.

Esta obra nasceu das minhas experiências de trabalho ao lado de diversos colegas em projetos extremamente desafiadores que acreditamos serem fundamentais. Pela companhia nos projetos descritos aqui, gostaria de agradecer a Steve Atkinson, Brenna Atnikov, Adam Blackwell, Mille Bojer, Manuel José Carvajal, Sumit Champrasit, Elena Díez Pinto, Betty Sue Flowers, Rossana Fuentes Berain, Oscar Grossmann, Hal Hamilton, Zaid Hassan, Stephen Huddart, Joseph Jaworski, Goft Kanyaporn, Ruth Krivoy, Pieter le Roux, Aeumporn Loipradit, Julio Madrazo, Vincent Maphai, Joe McCarron, Anaí Linares Méndez, Joaquin Moreno, Juan Carlos Morris, Gustavo Mutis, Reola Phelps, Elizabeth Pinnington, Monica Pohlmann, Ian Prinsloo, Tom Rautenberg, Manuela Restrepo, Surita Sandosham, Adalberto Saviñon Diez de Sollano, Valeria Scorza, Paul Simons e Jorge Talavera.

Para escrever este livro, vivenciei um processo de "escrita em voz alta" apoiado por Mitch Anthony e Tiê Franco Brotto: publicamos *on-line* a versão inicial de um capítulo por vez, então pedimos o retorno de leitores interessados no conteúdo. A resposta deles foi incrivelmente motivadora e relevante, e sou muito grato às contribuições valorosíssimas (nesse e em outros canais) de Chris Abeles, Michel Adam, Chris Altmikus, Charles Anosike, Antonio Aranibar, Helen Astarte, Steve Atkinson, Jeff Barnum, Antonia Baum, Herman Bavinck, Sabina Berman, Duan Biggs, Rick Black, Peter Block, Mille Bojer, Mark Burdon, Mark Cabaj, Doug Canterbury-Counts, Julia Canty, Anne Weber Carlsen, Jose Bucci Casari, Jean Pierre Chabot, Sumit Champrasit, Michael Chender,

Tom Christensen, Miljenko Cimeša, David Cooper, Chris Corrigan, Marie-Claire Dagher, James Davis, Milton Dawes, David Diamond, Hein Dijksterhuis, Hugo Diogo, Debra Dunn, Col Duthie, Martín Echavarria, Dawn Ellison, Nicole Endacott, Caroline Figueres, Betty Sue Flowers, Rebecca Freeth, Katherine Fulton, Hermann Funk, Deb Dugan Garcia, Victor Garcia, Robert Gass, Michel Gelobter, James Gimian, Stacie Goffin, Pierre Goirand, Danny Graham, John Griffin, Oscar Grossmann, Vinay Gunther, Wietske Hagg, Nancy Hale, Patricia Hale, Saleena Han, Eiji Harada, Cesar De Hart, Martin Hawkes, Cressida Heyes, Allison Hewlitt, Daniel Hirschler, Jon Hoel, Stephen Huddart, Monique Janmaat, Barry Johnson, Brad Johnston, Al Jones, David Kahane, Dorothy Kahane, Jed Kahane, Goft Kanyaporn, Alla Kholina, Sharon Joy Kleitsch, Barbara Kruse, S. Kulshrestha, Sean Lafleur, Lorenzo Lara, Dan Leahy, Graham Leicester, Meg Levie, Kathy Lewis, Maria Lewytzky-Milligan, Charles Lines, Ralf Lippold, Katharina Lobeck, Aeumporn Loipradit, Janine Machet, Robbie Macpherson, Colleen Magner, Arun Maira, Amy Marks, Sandra Martinez, Joe McCarron, Ceasar McDowell, Bill McIntosh, Jeanne McPherson, Tim Merry, Denny Minno, Colin Mitchell, Eileen Moir, Tina Monberg, Carol Moore, Arthur Muliro, Anant Nadkarni, Jerry Nagel, Jo Nelson, Maria Ana Neves, James Newcomb, Bangani Ngeleza, Terry Nichols, Jos Niesten, Batian Nieuwerth, Sibout Nooteboom, Barbara Nussbaum, Riichiro Oda, Daniel Olding, Barry Oshry, Hervé Ott, Wendy Palmer, Scott Perret, Reola Phelps, Gifford Pinchot, Elizabeth Pinnington, Monica Pohlmann, David Portillo, Anthony Prangley, Ian Prinsloo, Melissa Josephine Ramos, Martin Rausch, Deborah Ravetz, Jerome Ravetz, Mark Ritchie, Marti Roach, Alain Ruche, Christel Scholten, Henry Senko, David Shandler, Gary Shunk, Liz Skelton, Dylan Skybrook, Timothy Smith, Dirk Steen, Don de Souza, Uta Stolz, Kim Stryker, Jill Swenson, Susan Szpakowski, James Taylor, Yvonne Thackray, Theodore Thomas, David Thompson, Ralph Torrie, Alper Utku, Marco Valente, Karen Verburgh, Pablo Villoch, Pierre Vuarin, Adrian Wagner, Colleen Walker,

Pascal Wattiaux, Doug Weinfield, Victoria Wilding, Sue Wittenoom, Heidi De Wolf, Kerry Woodcock, Teresa Woodland, Bertram Zichel e Rosa Zubizarreta.

A expressão das ideias neste livro foi vastamente enriquecida por meio de conversas com meu parceiro de colaboração de longa data Jeff Barnum, que também fez suas belas ilustrações.

Esta obra traz teoria e prática da colaboração e, paralelamente à sua escrita, eu desenvolvi uma sequência de exercícios, *workshops* e palestras de construção de habilidades. Meu colega Ian Prinsloo foi um valioso parceiro nessa frente.

Uma das melhores partes de minha experiência como autor é o trabalho com a equipe extraordinariamente profissional da Berrett-Koehler. Gostaria de agradecer em especial a Michael Crowley, Paula Durbin-Westby, Karen Hill Green, Linda Jupiter, Laura Lind, Elissa Rabellino, Jeevan Sivasubramaniam, Edward Wade, Lasell Whipple e, sobretudo, Steve Piersanti.

Este desafio não seria possível sem o incentivo e o companheirismo de meus amigos de longa data da Reos Partners, em especial, nossa equipe de Liderança Global: Steve Atkinson, Mille Bojer, Leigh Gassner, John Griffin, Colleen Magner, Batian Nieuwerth, Jos Niesten, Elizabeth Pinnington, Monica Pohlmann, Christel Scholten e, sobretudo, Joe McCarron.

Peço sinceras desculpas se deixei de agradecer alguém que tenha contribuído neste livro. Quaisquer falhas que ainda existam nesta obra aconteceram por minha culpa.

A pessoa a quem mais devo, por ser quem é e por tudo o que faz, é Dorothy.

Índice remissivo

Os números de página em itálico indicam ilustrações.

A

A arte da guerra (Sun Tzu), 33
ação, 104
adaptação, 13, *41*, 43, 44, 63, 66, 41
Adaptamos, Forçamos, Colaboramos, 38-40
afirmação, 78-79, 84-91, 97, 127
África do Sul, 34-35, 42, 63, 78
Alcan (empresa), 91
Alemanha, 55
Aliança Bhavishya, 116, 124
alienação, 12
analogia do porco e a galinha, 123-124
Aranibar, Antonio, 85
Arenas, Clara, 76, 79, 87,
autoavaliações, 127-130
Autodefesas Unidas da Colômbia (AUC), 65

B

Balconi, Julio, 112
Barnum, Jeff, 107-108
Berlin, Isaiah, 56-57

Bhagavad Gita, 123
Boal, Augusto, 120
bode expiatório, 119
Bohr, Niels, 16
Boyce, Barry, 33
Buber, Martin, 117

C

Caicedo, Jaime, 65, 68
Canadá, 76, 82
capacidade negativa, 107-108
Castaño, Carlos, 65
cenários, 65-66, 98-101
certeza, 109-114
Charest, Jean, 82
Chávez, Hugo, 36-37
círculo central/de líderes, 14
coalizões, 13
cocriadores, 22, 23, 120, *121*
coisas negativas, 82
colaboração
   como opção multilateral, *41*, 42, 44
   escolha, 41-45
   não é a única opção, 33-45

colaboração convencional, 21-22, 24, 47-59, 69

gestão da mudança toma o controle, 48-51

o estreitamento impede a movimentação, 47-48

limitações, 53-59

obsoleta, 58

"só há uma resposta certa," 51-5

colaboração estendida, 15, 21, *22*, 61-71

alternar poder e amor, 86-93

desenvolver flexibilidade, 125-134

engajamento e afirmação, 86-93, 97-100, *88*

exemplo Destino Colômbia, 64-69

gera flexibilidade e desconforto, 61-63

há mais que uma totalidade, 79-83. Veja também conflito e conexão, experimentar um caminho para avançar, "entrar em campo" (participação – terceira extensão)

ilusão de controle, 69-71

influenciar o futuro, 95-101

metáfora da prática de artes marciais, *22*, 23

o desafio central, 29-31

primeira extensão: conflito e conexão, 73-93, 127

segunda extensão: experimentar um passo adiante, 95-114, 129-131

supercriador (líder supremo), 120, *121*

terceira extensão: "entrar em campo", 115-124, 131-132

três alternativas, 37-40

colaboração estrita, 47-48. Veja também colaboração convencional

colaboração não convencional. Veja colaboração estendida

colaboração unicamente harmônica, 87

Collaborate We Can (Podemos Colaborar), 39

Colom, Álvaro, 75

Colômbia, 63-69

política de drogas, 96-101, 106-108

como desenvolver flexibilidade, 125-134

Como resolver problemas complexos: uma forma aberta de falar, escutar e criar novas realidades (Kahane), 109

complexidade crescente, 30

comprometimento, 68

confiança, 15-17

conflito, *22*, 23-24

conflito e conexão (primeira extensão), 73-93, 125
diálogo não basta, 73-79
exercícios, 126-132
exemplo da Guatemala, 73-79
congresso científico, 51
Congresso Nacional Africano (CNA), 78
consciência, 16
consultores, 49
controle
   a gestão da mudança toma o, 48-51
   abandonar a ilusão de, 69-71
   premissa do, 21-22
crescente isolamento, 12
criatividade, 107-108
Culver, David, 91

D

De Hart, Cesar, 65-66
de Klerk, F. W., 34
debater, *111*, 112, 126, 130
decisões unilaterais, *41, 70*
demagogos, 82
Deng Xiaoping, 103
desconforto, 61-63, 87
desequilíbrio, 120-122
Destino Colômbia, 64-69
dialogar (falar e escutar, segunda extensão), 15
escuta ativa, 109-114
estabelecer um parâmetro, 127-128
exercícios, 140
não basta, 73-79
quatro formas de falar e escutar, 110-113, *111*
dialogar, *111*, 113, 125-126, 130-131
Díez Pinto, Elena, 110, 113-114
dimensão espiritual, 16
discordância, 73
engajamento e afirmação, 86-93, 97-100, *88*
discurso político, 28
downloading, 110-112, *111*, 129, 130-131
Duque, Iván, 65, 68

E

egocentrismo, 118-122
eleição presidencial 2016, 28
eleições, 12, 40, 78
"*Eles* têm que mudar!", 116-119
engajamento, 84, 86-91, *88*
"entrar em campo" (participação – terceira extensão), 115-124
   em vez de ser uma galinha, seja um porco, 123-124
   se você não faz parte do problema, não pode fazer parte da solução, 120-123, *121*

"*Eles* têm que mudar!",
116-119

equipes de transformação, 49

era de divisões, 11

"erre cedo, mova-se a partir do erro", 106

errar, 106, 122

erros, 106

escola racionalista, 53

escolha, 40-45

escuta ativa, 109-114

escutar. Veja dialogar (falar e escutar – segunda extensão)

estratégia deliberada, 104-106

estratégia emergente, 104-106

estratégias executadas, 104-106, *105*

estratégia não executada, 104-106, *105*

exemplo do jardineiro, 102

exemplo do hospital, 48-50

exemplo dos militares húngaros, 103

Exercício de Cenários de Mont Fleur, 34, 35, 42, 53, 63, 75, 79, 89

Exército de Libertação Nacional (ELN), 64

experimentar dar um passo adiante, 15, 22, 23, 24, 95-114, 99–100, 125-126

atravessar o rio tateando as pedras do fundo, 103-106

criatividade requer capacidade negativa, 107-108

influenciar o futuro, 95-101

ouvir buscando possibilidades em vez de certezas, 109-114

F

fábula do cego e o elefante, 56

falar e escutar. Veja diálogo (falar e escutar – segunda extensão)

fazer anotações, 126-127

Fergusson, Alberto, 68

flexibilidade, 61-63, 100

Flowers, Betty Sue, 85, 98

forçar. Veja impor o ponto de vista (forçar)

Forças Armadas Revolucionárias da Colômbia (FARC), 64

Franklin, Lars, 74

Fulwiler, Michael, 57

Fundação Aga Khan Canadá, 82

G

gestão da mudança, 14

tomar o controle, 48-51

gestores temporários, 84

Gimian, James, 33

Girard, René, 119

Gottman, John, 57

Guatemala, 73-79, 96, 109-110

guerras, 87. Veja também Colômbia, Guatemala, África do Sul e Tailândia

"guerra às drogas", 96

guerrilhas, Colômbia, 74-78

H

Hamilton, Hal, 35-36

Hillman, James, 89-90

holons, 22, 23, 80-84. Veja também todo

homogeneidade, 82

I

identidade, 55, 119, 122

identidade superior, 55

impor o ponto de vista (forçar), 12, 13, 24, 38, 40, *41*, 43, 45, 69, *70*, 86

Índia, 116

influenciar o futuro, 95-101

inspirar e expirar, 86

Insulza, José Miguel, 97-99

intenção, 104

interdependência, 25

J

Johnson, Barry, 86, 89

Johnson, Lyndon, 85-86

K

Käufer, Katrin, 109-110

Keats, John, 108

Keynes, John Maynard, 47

King, Martin Luther Jr., 84

Koehne, Anja, 55, 122

Koestler, Arthur, 80

L

Laboratório de Alimentação Sustentável, 35-36

lado degenerativo, *88*, 89-91

Le Roux, Pieter, 34-35

legitimidade, 14, 15-16, 77, 114

leis de direitos civis, 85-86

líder supremo (supercriador), 120, *121*

líderes, 25-26

Lowenthal, Wolfe, 133

M

macrocosmo, 64, 69

Maira, Arun, 116, 118, 122

Mandela, Nelson, 34, 63, 78

Mandvi, Aasif, 28

manipulação, *88*

Maphai, Vincent, 34-35

Mencken, H. L., 29

metáfora da prática das artes marciais, *22*, 23, 133-134

método de resolução de problemas em três etapas, 52-54

mídia, 28

Michael, Don, 56

Mintzberg, Henry, 104

Mockus, Antanas, 67

motivações, 83-86

motivações do amor. Veja motivações do poder e do amor.

motivações do poder e do amor, 84-85, 127

alternar com o amor, 86-93

estabelecer um parâmetro, 127-128

fortalecer a motivação mais fraca, 128

muçulmanos, 82-83

mudança, *41*

mudanças na forma de pensar, 11-12, 14, 116, 118

múltiplas possibilidades emergentes, 22, 23

N

notar, 19, 89, 113, 124, 130-131

O

o caminho à frente é incerto, 34. Veja também colaboração convencional

Ochaeta, Ronalth, 74-75, 113

Organização das Nações Unidas, 74, 85

Organização dos Estados Americanos (OEA), 97-100

outros, 27-28

P

Pacific Gas & Electric Company, 52, 55

papel de ator, 120, *121*, 122

papel de espectador, 120, *121*

parceiros de negócios, 37, 44

participação, 22, 23, 71. Veja também "entrar em campo" (participação – terceira extensão)

participação do espectador, *121*, 122

Partido Comunista Chinês, 103

Partido Comunista da Colômbia, 65

paz, 17

pensar da mesma forma, 11

percepções da verdade, 55

downloading, 110-112, *111*, 129, 130-131

Picasso, Pablo, 107

planejamento, 101-104

pluralismo, 23, 54, 82-83

Poder e amor, 17

Poder e Amor (Kahane), 83-84, 85, 86, 96

polaridades, 86-88

polarização, 27, 37, 39

polo generativo, *88*, 91

política de drogas, 96-101, 106-108

Popol Vuh (livro sagrado), 113

povo Quiché (K'iche'), 113

possibilidade, 109-114

Prêmio Nobel da Paz, 67

problemas perpétuos, 57

processo de mudança organizacional, 48-50

programa de exercícios de seis semanas, 126-132
premissas hierárquicas, 51
presenciar, 107, *111*, 113, 114, 125, 130-131
pressentir, 113

Q

quatro formas de falar e escutar, 110-113, *111*
quatro formas de lidar com situações problemáticas, *41*
questões ambientais, 76-77
questões nacionais, 25-26

R

rendição, *88*
Reos Partners, 80, 155-156
resistir, *88*
resolução de problemas, 29
retirar-se, 24, 40-41, *41*, 44, *70*
Rittel, Horst, 54
Royal Dutch Shell, 34, 52

S

Salcedo, Juan, 65
Santos, Juan Manuel, 63, 96
Scharmer, Otto, 110
Senge, Peter, 102
sentir, 107-108, 113
Shariff, Khalil, 82-83
sistemas de alimentação, 35-36
síndrome da inimização, 27-29, 39, 58, 82, 119

sistemas sociais, 80, 81
situação sem saída, 12-13
soluções que emanem da base, 39, 68
soluções impostas de cima para baixo, 38
Suzuki, David, 76-77
Suzuki, Shunryu, 109

T

Talavera, Jorge, 123
tecnologias, 30
Tailândia, 37-42, 55, 66, 79, 87
Teoria U, 107-108
terapia de casais, 29
think tanks, 13-14, 52
Thomas, Lewis, 25
Tillich, Paul, 84
Torbert, Bill, 120
totalidade, 14
  múltipla, 86
  há mais que uma totalidade, 79-83. Veja também *holons*
Trump, Donald, 28

U

unir o que está separado, 84
Universidade do Cabo Ocidental, 34

V

van der Heijden, Kees, 53
vencedores e perdedores, 50

Venezuela, 36, 44
Villa, Gonzalo de, 112
Visão Guatemala (Visión Guatemala), 75, 109-110, 112-113

W

Webber, Melvin, 54

Weick, Karl, 103-104
Westley, Frances, 91

Z

Zelaya, Raquel, 112

Sobre o autor

Adam Kahane sempre quis trabalhar com desafios importantes e relevantes. Quando era mais jovem, acreditava que tais desafios eram problemas que poderiam ser resolvidos por especialistas – e queria ser um deles. Formou-se em Física pela Universidade McGill de Montreal, em Economia de Energia e Recursos pela Universidade da Califórnia, em Berkeley, e foi pesquisador na América do Norte, Europa e Japão. Então, trabalhou com planejamento corporativo na Pacific Gas & Electric Company, em São Francisco (EUA), e foi o responsável pelos cenários globais sociais, políticos, econômicos, ambientais e tecnológicos na Royal Dutch Shell, em Londres.

O posicionamento de Adam sobre a forma como abordar desafios complexos mudou drasticamente em 1991, quando ajudou uma equipe de líderes sul-africanos a pensar sobre a transição do regime do *apartheid* para a democracia. Ele aprendeu que tais questões de alta complexidade não são apenas problemas a serem resolvidos por especialistas, mas situações problemáticas a serem abordadas pelos atores. Ele também entendeu que equipes diversificadas compostas não apenas de colegas e amigos, mas também de oponentes e inimigos poderiam desenvolver esse trabalho colaborativamente.

Foto: Móric van der Meer

Essa experiência transformou o entendimento que Adam tinha sobre sua vocação. Ele deixou a Shell, mudou-se para a Cidade do Cabo e mergulhou de cabeça nos esforços colaborativos para lidar com desafios de alta complexidade. Foi cofundador da Reos Partners, um empreendimento social que direciona tais esforços no mundo tudo.

Nos últimos 25 anos, Adam já trabalhou dessa forma em mais de cinquenta países com executivos e políticos, generais e guerrilheiros, servidores públicos e sindicalistas, ativistas comunitários e religiosos. Nesse trajeto, ele aprendeu que a colaboração não é tão preto no branco como ele acreditava ser – e que isso se aplica não apenas às colaborações extraordinárias com múltiplos atores, mas também àquelas em nosso cotidiano, em casa e no trabalho.

Adam é um dos diretores da Reos Partners. Como consultor, facilitador e professor, dedica-se a ajudar as pessoas a trabalharem conjuntamente para lidar com seus desafios mais complexos e relevantes. Ele e sua esposa Dorothy têm quatro filhos, nove netos e moram na Cidade do Cabo e em Montreal.

www.adamkahane.com

Sobre a Reos Partners

COMO PODEMOS TRABALHAR JUNTOS PARA RESOLVER OS PROBLEMAS QUE CRIAMOS?

A Reos Partners é uma empresa social internacional que sabe como facilitar mudanças sistêmicas efetivas. Ao longo dos últimos 20 anos, desenvolvemos e facilitamos projetos dessa natureza e construímos um rigoroso conjunto de métodos transformadores para lidar com desafios complexos e estagnados.

Usando uma abordagem pragmática e criativa, realizamos parcerias com governos, empresas e organizações da sociedade civil para atuar sobre algumas das questões mais importantes da humanidade: educação, saúde, alimentação, energia, meio ambiente, desenvolvimento, justiça, segurança e paz. Constantemente, ajudamos pessoas mergulhadas em meio à complexidade, à confusão e ao conflito a trabalharem juntas para a construção de novas realidades e de um futuro melhor.

JUNTOS, NÓS AJUDAMOS VOCÊ A DESAFIAR O *STATUS QUO*

O ponto de partida para a transformação sistêmica é uma coalizão diversa que está pronta para desafiar o *status quo*. Cada um de nossos projetos reúne todas as partes interessadas envolvidas: políticos, ativistas, executivos, generais, guerrilheiros, sindicalistas, artistas, pesquisadores, religiosos, líderes comunitários... A diversidade pode ser encarada como um problema, mas está no coração da solução. Trabalhando como guias, nós engajamos pessoas com diferentes perspectivas e interesses, a fim de colaborarem juntas em preocupações compartilhadas. Isso cria os caminhos para cruciais transformações sistêmicas.

Métodos comprovados para a mudança sistêmica

Os projetos da Reos Partners acontecem em três escalas: eventos de poucos dias, processos de vários meses e plataformas que operam por anos. Um único evento pode resultar em novas ideias, relacionamentos e capacidades, enquanto uma plataforma de longa duração pode possibilitar novos experimentos, iniciativas e movimentos – e, em última análise, a transformação sistêmica.

Adotamos abordagens customizadas para cada situação, mas muitas vezes aplicamos pelo menos um de quatro métodos comprovados: entrevistas-diálogo, jornadas de aprendizagem, cenários transformadores e laboratórios sociais. Também oferecemos treinamento e acompanhamento para desenvolver as capacidades e as competências que permitam trabalhar com mudanças sistêmicas duradouras.

Progresso real nos desafios vitais em todo o mundo

Nós aprendemos que não há nenhuma solução rápida: a mudança sistêmica requer tempo, energia, recursos e habilidades. Com esses ingredientes, nossos projetos mais bem-sucedidos conquistam vida própria, gerando redes, alianças e ecossistemas de alta resiliência.

Vamos trabalhar juntos

Operamos global e localmente com escritórios em Cambridge (EUA), Genebra, Joanesburgo, Melbourne, Montreal, São Paulo e Haia. Visite nosso site em www.reospartners.com/stretchcollaboration.

Agradecimentos do ilustrador, Jeff Barnum

Sou grato a Adam por nossas inúmeras colaborações ao longo de tantos anos, incluindo nosso projeto mais recente, as ilustrações para este livro. Considero nosso trabalho colaborativo formidável porque ele e eu somos muito diferentes. Vemos o mundo de maneira diferente, temos prioridades diferentes, experiências diferentes e diferentes objetivos para a vida.

Contudo, escolhemos ver como complementaridades aquilo que deveria nos afastar. Em 2007, iniciamos a Reos Partners como cofundadores juntamente de outros colegas e começamos a trabalhar em parceria no mundo todo. À medida que demos apoio a líderes que enfrentavam desafios intransponíveis e complexos, repetidas vezes me vi ensinando essas pessoas a utilizarem criatividade, autotransformação e outros aspectos "internos" decorrentes do formidável desafio de mudar sistemas e paradigmas. Ao mesmo tempo, outras perguntas surgiam para mim: Como é possível haver uma sociedade saudável? Quando você estuda as grandes artes, você consegue entender os fatores que as tornam grandes – mas como se faz isso em relação às realidades sociais? É possível que muitos indivíduos cocriem sociedades mais saudáveis e funcionais? E o que é necessário para isso acontecer?

Eu saí da Reos em 2014 para me dedicar em tempo integral a essas questões na Magenta Studios (www.magenta.fm).

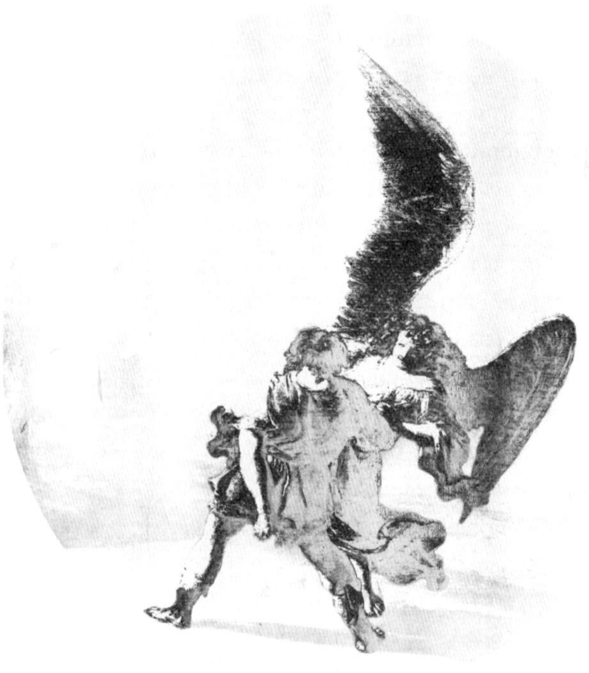